Análise comentada
Sermão de Santo Antônio aos Peixes de Padre Antônio Vieira

Professor Jorge Miguel

40
Questões
com Respostas

www.dvseditora.com.br
São Paulo, 2013

Análise comentada
Sermão de Santo Antônio aos Peixes de Padre Antônio Vieira

Copyright© DVS Editora 2013
Todos os direitos para a língua portuguesa reservados pela editora.

Nenhuma parte dessa publicação poderá ser reproduzida, guardada pelo sistema "retrieval" ou transmitida de qualquer modo ou por qualquer outro meio, seja este eletrônico, mecânico, de fotocópia, de gravação, ou outros, sem prévia autorização, por escrito, da editora.

Produção Gráfica, Diagramação: Spazio Publicidade e Propaganda

---

Dados Internacionais de Catalogação na Publicação (CIP)
(Câmara Brasileira do Livro, SP, Brasil)

Miguel, Jorge
    Análise comentada : sermão de Santo Antônio aos peixes de Padre Antônio Vieira : 40 questões com respostas / Jorge Miguel. -- São Paulo : DVS Editora, 2013.

    Bibliografia.
    ISBN 978-85-88329-68-3

    1. Vieira, Antônio, 1608-1697 - Crítica e interpretação 2. Vieira, Antônio, 1608-1697 - Sermões - Crítica e interpretação I. Título.

13-04747   CDD-869.5

Índices para catálogo sistemático:

1. Vieira, Antônio : Sermões : Literatura portuguesa : Século 17 : Análise comentada 869.5

Dedicatória

Aos meus filhos Jorge Miguel Filho, Alessandra Miguel, Ana Paula Miguel, dedico esta obra.

Índice

Introdução 6

Padre Antônio Vieira 12

O Sermão de Santo Antônio aos Peixes 14

As Partes do Sermão 19

Sermão de Santo Antônio 22
Pregado na Capela S. Luíz do Maranhão, ano 1654

Capítulo I 22
Comentários ao Primeiro Capítulo 32

Capítulo II 34
Comentários ao Segundo Capítulo 45

Capítulo III 48
Comentários ao Terceiro Capítulo 60

Capítulo IV 63
Comentários ao Quarto Capítulo 79

Capítulo V 81
Comentários ao Quinto Capítulo 100

Capítulo VI 103
Comentários ao Sexto Capítulo 107

Interpretação Dirigida 109
Questões de 1 a 20 109
Questões de 21 a 40 118
Respostas às questões propostas 128

Bibliografia 129

Crédito da Fonte 131

Introdução

O século XVII é diferente do anterior. Novos fatos mudam a concepção do homem perante a vida: a fundação da Companhia de Jesus em 1540; as decisões do Concílio de Trento, de 1545 a 1563; a Contra-Reforma, de cujo ideal Portugal foi um dos mais árduos defensores. A Contra-Reforma tenta conciliar o homem renascentista com a tradição religiosa medieval. A Literatura, como as artes em geral, vê-se compromissada com os ideais da ordem fundada por Santo Inácio de Loyola. Agora o homem já não canta assim: "Mais do que prometia a força humana"; "Aqueles que por obras valorosas se vão da lei da morte libertando"; "A quem Netuno e Marte obedeceram". O século XVII vê o homem escrever assim: "Pequei, Senhor, mas não porque hei pecado"; "A vós correndo vou, braços sagrados – para ficar unido, atado e firme". Volta-se, então, o homem para o céu, sem perder as conquistas da terra. Neste conflito viveu o homem barroco. Com referência à forma, há um culto excessivo. Os escritores requintam as frases, trabalhando-as com exagero de adornos. Para o Barroco, ser simples é indício de pobreza. Daí, então, a fraseologia excêntrica. Denomina-se Cultismo a maneira de escrever com metáforas, hipérboles, antíteses, perífrases, inversões na ordem das palavras, trocadilhos. Denomina-se Conceptismo o uso de expressões sutis, de alusões indecisas, de conceitos com base no silogismo, processo racional de se demonstrar uma asserção. Lança-se a premissa maior, seguida da demonstração de que é verdadeira; segue-se a premissa menor, também com a mesma preocupação em se provar sua veracidade; no final, a conclusão, ainda que extravagante ou paradoxal. Com o Barroco, esta ânsia de efeito formal atingiu o auge. Pouco lhe importava a linguagem sóbria, desafetada, cristalina. O valor literário era proporcional ao número de frases ambíguas ou de figuras de pensamento. Fazia-se um excelente trocadilho e tinha-se garantido a glória lírica. Com Marini, na Itália, o Barroco recebeu o nome de Marinismo; na França, Preciosismo; na Inglaterra, Eufuísmo; em Portugal, Gongorismo de Luís de Gôngora. No Brasil, fora da literatura, é forçoso citar Aleijadinho e as composições sacras de Lobo de Mesquita e Marcos Coelho Neto. Fora do Brasil e da literatura, destacam-se Tintoreto, El Grego, Velásquez, Kibera, Rembrandt e Poussin na pintura, e Bach na música. Assim, o Barroco pode ser resumido nas seguintes características:

1. Preocupação com a transitoriedade da vida.
2. Linguagem excessivamente ornada: metáfora, hipérboles, alegorias etc.
3. Preocupação constante com a morte, tal qual na Idade Média.
4. Preocupação de fazer o homem trilhar os esquecidos caminhos do espiritualismo.
5. Religiosidade
6. Gosto pelo grandioso, sangrento, espetáculo trágico.
7. Cultismo e Conceptismo.
8. Paradoxo; polos contrários; antíteses.
9. Conflito entre o profano e o divino.

Publicamos agora um trecho do *Sermão do Mandato do Padre Antônio Vieira*, para o leitor ter uma visão precisa do estilo barroco em prosa. Leia atentamente e observe os nove itens acima – todos eles tomando conta da obra.

A segunda ignorância que tira o merecimento ao amor, é não conhecer quem ama a quem ama. Quantas coisas há no mundo muito amadas, que, se as conhecera quem as ama, haviam de ser muito aborrecidas! Graças logo ao engano e não ao amor. Serviu Jacó os primeiros sete anos a Labão, e ao cabo deles, em vez de lhe darem a Raquel, deram-lhe a Lia. Ah, enganado pastor e mais enganado amante! Se perguntarmos à imaginação de Jacó por quem servia, responderá que por Raquel. Mas se fizermos a mesma pergunta a Labão, que sabe o que é, e o que há de ser, dirá com toda a certeza que serve por Lia. E assim foi. Servis por quem servis, não servis por quem cuidais. Cuidai que os vossos trabalhos e os vossos desvelos são por Raquel, a amada, e trabalhais e desvelai-vos por Lia, a aborrecida. Se Jacó soubera que servia por Lia, não servia sete anos nem sete dias. Serviu logo ao engano, e não ao amor, porque serviu para quem não amava. Oh quantas vezes se representa esta história no teatro do coração humano, e não com diversas figuras, se não na mesma! A mesma que na imaginação é Raquel, na realidade é Lia; e não é Labão o que engana Jacó, senão Jacó o que se engana a si mesmo. Não assim o divino amante, Cristo. Não serviu por Lia debaixo da imaginação de Raquel, mas amava a Lia conhecida por Lia. Nem a ignorância lhe roubou o merecimento ao amor, nem o engano lhe trocou o objeto ao trabalho. Amou e padeceu por todos, e por cada um, não como era bem que eles fossem, senão assim como eram. Pelo inimigo, sabendo que era inimigo; pelo ingrato, sabendo que era ingrato; e pelo traidor, "sabendo que era traidor"...

Deste discurso se segue uma conclusão tão certa como ignorada; é que os homens não amam aquilo que cuidam que amam. Por quê? Ou porque o que amam não é o cuidam; ou porque amam o que verdadeiramente não há. Quem estima vidros, cuidando que são diamantes, diamantes estima e não vidros; quem ama defeitos, cuidando que são perfeições, perfeições ama e não defeitos. Cuidais que amais diamantes de firmeza, e amais vidros de fragilidade; cuidais que amais perfeições angélicas, e amais imperfeições humanas. Logo, os homens não amam o que cuidam que amam. Donde também se segue que amam o que verdadeiramente não há; porque amam as coisas, não como são, senão como as imaginam; e o que se imagina, e não é, não o há no Mundo. Não assim o amor de Cristo, sábio sem engano...

Observe você o seguinte:
1. Que, de fato, o autor se preocupa com a transitoriedade da vida, valorizando o amor de Cristo – eterno e fiel. O amor dos homens – tal qual o de Jacó – é enganoso. Só o amor de Cristo é verdadeiro.

2. A frase é excessivamente ornada, cheia de metáforas – antíteses, comparações, alegorias vidros-diamantes; defeitos-perfeições; firmeza-fragilidade.
3. Conceptismo: preocupação constante em conceituar, definir: "Quantas coisas há no mundo muito amadas, que, se as conhecera quem as ama, haviam de ser muito aborrecidas"; "Servis por quem servis, não servis por quem cuidais". "É que os homens não amam aquilo que cuidam que amam".
4. É notória a preocupação do autor em querer convencer os homens a trilhar o caminho da religiosidade: "Não assim o amor de Cristo, sábio sem engano".
5. Religiosidade. A argumentação com base em textos extraídos da Bíblia para concluir que só, e tão somente Cristo, ama sem engano. Nem a ignorância lhe roubou o merecimento ao amor.
6. Gosto pelo grandioso. Cristo padeceu por todos, pelo inimigo sabendo que era inimigo e pelo traidor sabendo que era traidor.
7. Cultismo e Conceptismo – Cultismo: metáforas – tais quais na comparação de amar vidros e amar diamantes; Antíteses: o amor de Raquel e o Amor de Lia; Perífrases: enganado pastor e enganado amante.
Conceptismo – Premissa: A ignorância tira o conhecimento ao amor. Argumentos: o amor de Jacó por Raquel, o amante de diamantes e perfeições. Conclusão: - o amor de Cristo é sem engano porque não é viciado pela ignorância.
8. Paradoxos – Polos contrários. Antíteses Raquel/Lia; vidros/diamantes; perfeições angélicas/imperfeições humanas; amor humanos/amor de Cristo.
9. Conflito entre o profano e o divino. Conflito entre o amor dos homens, viciado pela ignorância e o amor de Cristo, sem engano, embora conhecesse que o amado era traidor e inimigo.

Compare:

Renascimento
Século XVI
- O homem é guiado pela ciência
- Antropocentrismo
- Equilíbrio e moderação
- Volta à cultura greco-latina
- Racionalismo
- Exaltação vital
- Texto propositadamente claro

- Universalismo

- O homem conduz o destino das nações
- O corpo, a terra e o mar

Barroco
Século XVII
- O homem é conduzido pela fé
- Teocentrismo
- Exuberância e extravagância
- Volta à cultura medieval
- Paradoxo e contra-senso
- Depressão vital
- Texto propositadamente hermético
- Marinismo, Gongorismo, Cultismo, Conceptismo, Preciosismo, Eufurismo
- O destino das nações é conduzido por Deus
- A alma, o céu e a salvação eterna

Compare:

Barroco	Arcadismo
Século XVII	**Século XVIII**
• Formas rebuscadas	• Retorno ao equilíbrio
• Volta à Idade Média	• Volta ao Renascimento
• Parte em busca de originalidade	• Demasiada sujeição às leis clássicas
• Autêntico, ainda que paradoxal	• Inautêntico, ainda que racional
• O homem nasce com o pecado original (A igreja)	• O homem nasce bom; a sociedade é que o corrompe (Rousseau)
• Todo conhecimento vem de Deus	• Todo conhecimento vem da experiência e da reflexão
• O Direito Natural tem em Deus a sua fonte	• O Direito Natural é inerente à natureza humana
• A vinda dos jesuítas ao Brasil	• O Marquês de Pombal expulsa os jesuítas do Brasil
• Sentido nacionalista nas artes	• Afrancesamento da vida, arte e cultura
• A arte está associada ao pensamento do autor	• A arte está divorciada do pensamento do autor
• Celeste, espiritual, místico	• Campestre, pastoril, bucólico

Padre Antônio Vieira

Nasceu em Lisboa em 1608 e faleceu no Brasil em 1697. Viveu praticamente o século XVII inteiro e foi a figura mais expressiva de sua época. Como orador sagrado atingiu universal conceito. Aos brasileiros impõe-se como defensor dos índios e eloquente adversário da invasão holandesa. Viveu grande parte de sua vida no Brasil. Aqui mesmo, no Maranhão, foi preso pelos que defendiam a escravidão do índio e, em Lisboa, preso dois anos pela Santa Inquisição, castigo por suas ideias liberais e sebastianistas. "Não há maior comédia do que a minha vida; e quando quero ou chorar, ou rir, ou admirar-me, ou dar graças a Deus, ou zombar do mundo, não tenho mais que olhar para mim" (Carta de Vieira a um amigo). Com efeito, sua obra foi sua vida: a mesma grandeza, o mesmo excepcional talento. É o mais fluente, expressivo e rico prosador do século XVII. Sermões é sua obra principal: contém cerca de duzentas peças oratórias, num estilo viril, enérgico e másculo. Sua oratória expõe, demonstra, raciocina e prova. É verdadeiro silogismo. Lança a premissa maior, e prova sua veracidade; trabalha com a menor, e chega insofismavelmente à conclusão que é sua tese. De seus duzentos sermões e mais de quinhentas cartas, destacam-se: Sermão de Santo Antônio aos Peixes, Sermão pelo Bom Sucesso das Armas de Portugal contra as de Holanda, Sermão de São Roque, Sermão da Sexagésima, Sermão das Verdadeiras e Falsas Riquezas. Padre Antônio Vieira vive o ambiente político e cultural da Contra-Reforma. O Concílio de Trento, no século anterior ao século que viveu Vieira (1545 – 1563), estabelece seu projeto religioso em recuperar os países que, agora sob a influência do protestantismo, abandonaram a fé católica. O endurecimento da Santa Inquisição, de que Vieira foi vítima, é o resultado mais imediato daquele Concílio. Os países europeus vivem o regime de monarquia absoluta. É o século de ouro da Literatura espanhola: Luís de Góngora, Cervantes, Calderón de La Barca, Tirso de Molina, Lope de Vega. Alguns fatos e datas mais importantes na vida de Vieira.

1608 – Nasce em Lisboa.
1614 – Vem, aos seis anos, com a família, para a Bahia.
1633 – Prega, pela primeira vez, na Igreja de Nossa Senhora da Conceição – Bahia. Era tempo de Quaresma.
1634 – Recebe a ordem sacerdotal.
1640 – Prega na Bahia, o Sermão pelo Sucesso das Armas de Portugal contra as de Holanda. O tema do Sermão tem o propósito de estimular os portugueses a resistir contra a invasão de Guilherme de Nassau.
1641 – Vai a Portugal, conhece pessoalmente o Rei D. João IV. Início de uma longa amizade. Goza da confiança do monarca.
1643 – Defesa dos Judeus. Defende junto ao rei a abertura do país aos Judeus mercadores. O ingresso deles no país daria impulso à economia lusitana.
1646 – Missão diplomática em Paris e Haia.
1647 – Nova missão diplomática em Paris e Haia.
1649 – É denunciado por defender os Judeus.
1652 – Volta para o Brasil em missão Jesuíta em Maranhão, Amazonas e Ceará.
1654 – Prega, em 13 de junho, em São Luís, Sermão de Santo Antônio aos Peixes. Parte para Portugal.
1655 – Prega, na Capela Real de Lisboa, o famoso Sermão da Sexagéssima. Volta ao Brasil.
1661 – É preso no Pará. Vai sob prisão ao Maranhão. Expulso do Maranhão. Chega a Lisboa.
1662 – Nomeado confessor do Príncipe D. Pedro.
1664 – Processado pela Santa Inquisição: Heresia Judaica.
1665 – É preso pelo Tribunal da Santa Inquisição.
1667 – O Tribunal da Santa Inquisição pronuncia a sentença: Vieira é proibido de pregar, privado de voz ativa e passiva.
1668 – É anistiado, graças a subida ao poder do infante D. Pedro, de quem fora confessor.
1669 – Prega à Rainha Cristina da Suécia

1675 – O Papa Clemente X anula o processo que lhe moveu a Santa Inquisição.
1679 – Inicia a publicação de seus Sermões.
1681 – Volta, por definitivo, à Bahia.
1682 – Em Coimbra, um grupo de estudantes queimam uma efígie de Vieira.
1692 – Vieira cai de uma escada. Os ferimentos impedem-no de escrever. Um secretário escreve por ele.
1697 – Termina a redação do último volume dos Sermões (12 volumes). Morre em 18 de julho, na Bahia. É sepultado na Capela do Santíssimo Sacramento da Igreja do Colégio dos Jesuítas.

O Sermão de Santo Antônio aos Peixes

O Sermão é proferido no dia de Santo Antônio – 13 de junho do ano de 1654. A cidade é São Luís do Maranhão. O momento histórico é as lutas que travam os Jesuítas e os colonos do Maranhão. Estes aprisionam os índios e querem-nos escravos. Os Jesuítas pretendem os índios para si para catequisá-los, impondo-lhes algumas tarefas. Os colonos eram acusados pelos Jesuítas de submeterem os índios a um trabalho desumano e crudelíssimo. Os Jesuítas eram acusados pelos colonos de lutarem pela liberdade dos índios para tê-los escravos da Igreja. A palavra é a arma de Vieira para chegar ao objetivo como de fato chegou: libertar os índios dos colonos que os queriam escravos. O orador inspira-se no Sermão que Santo Antônio fizera aos peixes. Não em seu texto, mas no seu gesto. É lenda que Santo Antônio (1195 – 1231) já estava desiludido em pregar na cidade de Arimino, atual Rimini – na Itália. Desiludido, porque os hereges da cidade não o ouviam. Então, o Santo, inspirado por Deus, aproximou-se junto à foz do rio Marecchia e começou a pregar aos peixes: "Ó peixes, meus irmãos, vinde vós ouvir a palavra do

Senhor, já que os infiéis a menosprezam!". Os peixes atenderam ao pedido do Santo e logo se juntaram diante dele. Uma multidão de peixes mantinha a cabeça fora da água para ouvirem Santo Antônio. Na frente, nas águas rasas, os peixes pequenos. Atrás, nas águas semiprofundas os peixes médios. Por último, na água profunda os grandes. Assim Santo Antônio iniciou a pregação:

"Peixes, meus irmãos, muita obrigação tendes de, à vossa maneira, cantar os louvores e render graças a Deus, nosso Criador. Deu-vos ele, para morada, tão nobre elemento, a água doce ou a salgada, conforme vossa necessidade. Além do mais, vos preparou abrigos para fugirdes das tempestades. E a água que vos deu é clara e límpida, a fim de poderes ver os caminhos e onde há de comer. E é o próprio Criador que vos dá o alimento necessário para a vida. Na criação do mundo recebestes, como bênção, a ordem de vos multiplicar. No dilúvio, enquanto pereciam todos os animais, exceto os que estavam na arca, vós fostes preservados do extermínio. Munidos das barbatanas e do vigor que Deus vos deu, podeis vos movimentar de uma parte a outra, como quereis. A um de vós confiou Deus o profeta Jonas para guardá-lo e lançá-lo em terra, são e salvo, depois de três dias. Fostes vós que fornecestes a Nosso Senhor Jesus Cristo a moeda do tributo, quando ele, pobre como era, teve de o pagar. Antes e depois da Ressurreição servistes de comida ao Rei eterno. Por todas graças deveis louvar e bendizer muito o Senhor, pois dele ganhastes tantos e tão especiais benefícios que nenhuma outra criatura recebeu".

"Bendito seja Deus para sempre, pois mais honra lhe dão os peixes da água que os homens hereges! Melhor ouvem sua palavra os animais sem entendimento que os infiéis dotados da razão!".

Assim se lê no Livro "Santo Antônio Luz do Mundo" trecho publicado no Livro Sermão de Santo Antônio aos Peixes – de Fernando Carrilho – Texto Editora.

Santo Antônio, em Arimino, atual Rimini, trava uma luta contra os hereges e pecadores. Vieira, em São Luís do Maranhão, trava uma luta contra os colonos. Por volta de 1225, Santo Antônio abandona a cidade e fala aos peixes. Vieira, em 1654, abandona os colonos e fala aos peixes. A luta de Vieira com os colonos trava-se intelectualmente e fisicamente. O Jesuíta é acusado de mandante de crime, é preso no Maranhão, é expulso de São Luís e colocado, sob violência, em Portugal. Intelectualmente, Vieira reage com a única arma de que se valia: a palavra. No Sermão pregava assim:

"Os vícios da língua são tantos que fez Drexélio um abecedário inteiro muito copioso deles. E se as letras deste abecedário se repartissem pelos Estados de Portugal, que letra tocaria ao nosso Maranhão? Não há dúvida que o *M*: *M* Maranhão, *M* murmurar, *M* motejar, *M* maldizer, *M* malsinar, *M* mexericar, e sobretudo *M* mentir: mentir com as palavras, mentir com as obras, mentir com os pensamentos, que de todos e por todos os modos aqui se mente. Novelas e novelos são as duas moedas correntes desta terra: mas têm uma diferença, que as novelas armam-se sobre nada, e os novelos armam-se sobre muito, para tudo ser moeda falsa".

Novela, capítulos e capítulos sobre nada. Novelos eram os fios de algodão com os quais se pagavam a terra. Os novelos são novelas. Nada sobre nada. Assim se processa a cobiça dos colonos do Maranhão: murmuram, motejam (zombam), maldizem, malsinam (denunciam), mexericam e sobretudo mentem. A palavra é a arma de Vieira. Consultado pelo Rei D. João IV sobre a vontade de unir Pará e o Maranhão sob um só governo, respondeu-lhe Vieira, em carta datada no Maranhão em 6 de abril de 1654.

"No fim da carta de que Vossa Majestade me fez mercê, me manda Vossa Majestade diga meu parecer sobre a conveniência de haver neste Estado ou dois capitães-mores ou um só governador. Eu, Senhor, razões políticas nunca as soube, e hoje as sei muito menos:

mas por obedecer direi toscamente o que me parece. Digo que menos mal será um ladrão que dois, e que mais dificultosos serão de achar dois homens de bem que um. Sendo propostos a Catão dois cidadãos romanos para o provimento de duas praças, respondeu que ambos lhe descontentavam: um, porque nada tinha; outro, porque nada lhe bastava. Tais são os dois capitães-mores em que se repartiu este governo. Baltasar de Sousa Pereira não tem nada, a Inácio do Rego Barreto não lhe basta nada; e eu não sei qual é maior tentação, se a necessidade, se a cobiça. Tudo quanto há na capitania do Pará, tirando as terras, não vale dez mil cruzados, como é notório, e desta terra há de tirar Inácio do Rego mais de cem mil cruzados em três anos, segundo se lhe vão logrando bem as indústrias [...] Se houvesse dois homens de consciência, e outro que lhe sucedessem, não haveria inconveniente em estar o governo dividido. Mas se não houver mais que um, venha um que governe tudo e trate do serviço de Deus e de Vossa Majestade; e se não houver nenhum, como até agora parece que não houve, não venha nenhum, que melhor se governará o estado sem ele que com ele [...]"

O que queria Vieira era serem os índios independentes dos governadores. De pronto declara não entender de política. Contudo, arrisca uma opinião. Um ladrão é melhor que dois; é mais fácil encontrar um governador honesto que dois; quem não tem nada vai querer roubar para ter tudo (necessidade); quem tem tudo vai querer roubar para ter mais (cobiça). Então é melhor um só governador. Melhor ainda é ficar sem nenhum. Vieira escreve sobre uma realidade da metade do século XVII. Hoje, século XXI já não é mais assim. Leia trecho do Sermão em que o orador fala do furto, não só para lá do Cabo da Boa Esperança (Portugal) como também para cá do Cabo da Boa Esperança (Maranhão).

"O que eu posso acrescentar, pela experiência que tenho é que não só do Cabo da Boa Esperança para lá, mas também das partes de aquém, se usa igualmente a mesma conjugação. Conjugam por todos os modos o verbo *rápio*, não falando em outros novos e esquisitos, que não conheceu Donato nem Despautério. Tanto que lá chegam, começam a furtar pelo modo indicativo, porque a primeira informação que pedem aos práticos é que lhes apontem e mostrem os caminhos por onde podem abarcar tudo. Furtam pelo modo imperativo, porque, como têm o misto e mero império, todos eles aplicam despoticamente às execuções da rapina. Furtam pelo modo mandativo, porque aceitam quanto lhes mandam; e para que mandem todos, os que não mandam não são aceitos. Furtam pelo modo optativo, porque desejam quanto lhes parece bem: e gabando as coisas desejadas aos donos delas por cortesia, sem vontade, as fazem suas. Furtam pelo modo conjuntivo, porque ajuntam o seu pouco cabedal com o daqueles que manejam muito; e basta só que ajuntem a sua graça, para serem, quando menos, meeiros na ganância. Furtam pelo modo permissivo, porque permitem que outros furtem, e estes compram as permissões. Furtam pelo modo infinitivo, porque não tem fim o furtar com o fim do governo, e sempre lá deixam raízes em que se vão continuando os furtos. Estes mesmos modos conjugam por todas as pessoas, porque a primeira pessoa do verbo é a sua, as segundas os seus criados e as terceiras quantas para isso têm indústria e consciência. Furtam juntamente por todos os tempos, porque do presente (que é o seu tempo) colhem quanto dá de si o triênio; e para incluírem no presente o pretérito e o futuro, do pretérito desenterram crimes, de que vendem os perdões, e dívidas esquecidas, de que se pagam inteiramente; e do futuro empenham as rendas, e antecipam os contratos, com que tudo o caído e não caído lhes vem a cair nas mãos. Finalmente nos mesmos tempos não lhes escapam os imperfeitos, perfeitos, plusquam perfeitos, e quaisquer outros, porque furtam, furtavam, furtaram, furtariam e haveriam de furtar mais, se mais houvesse".

Conjugam-se de todos modos o verbo rápido. Metáfora. No Maranhão, rouba-se de toda maneira e de todos os modos. Furta-se em todos os tempos: no presente, passado e futuro e o pobre Maranhão já pobre furtam mais do que ele vale. A 13 de junho, dia em que se

festeja Santo Antônio, subiu Vieira ao púpito da Igreja de São Luís do Maranhão e proferiu o Sermão de Santo Antônio aos Peixes. O Sermão, repleto de ironia, sarcasmo, simbolismo, sátira, é um violento ataque aos colonos do Maranhão. Cada peixe que identifica no mar, representa uma classe social que se vê no Maranhão. E assim desfilam-se os peixes: o roncador, o voador, o polvo, o pegador... cada peixe uma classe e, às vezes, após ter pregado o Sermão, parte imediatamente para Portugal. Partir é eufemismo.
Na verdade foge ou é obrigado a partir. Ou parte clandestino.

As Partes do Sermão
Genericamente pode-se dizer que o Sermão é composto de três partes:

Exórdio ou Introdução – o orador apresenta o tema sobre o qual vai dissertar. Apresenta a ideia fundamental que vai defender. Capítulo I.

Argumentação ou Desenvolvimento – o orador vai demonstrar serem verdadeiras as ideias apresentadas no Exórdio. Para tanto invoca textos bíblicos, exemplos dos Santos da Igreja, alegorias, metáforas, comparações – tudo para provar ao ouvinte de que está com a verdade. Capítulos II – III – IV e V.

Peroração ou Conclusão – o orador conclui o Sermão, confiante que a tese apresentada está racionalmente provada e demonstrada.
A título de exemplo, tomemos um trecho de Vieira; façamos dele um pequeno Sermão e analisemos suas partes.

Tudo passa
Quanto verdade é que a figura deste mundo sempre está passando, e nós com ela! Dos sábios e justos diz Isaías que veem a Terra de longe. Ora vem cá, alma minha. Faze por ser sábio, toma as asas da contemplação e suspende-te nelas e olha de longe para esta bola de terra, e verás como a sua figura está passando. Que é o que vês?

Mares, rios, árvores, montes, vales, campinas, desertos, povoados... e tudo passando; os mares em contínuas crescentes e minguantes; os rios sempre correndo; as árvores sempre remundando-se, ora secas, ora floridas; ora murchas; os montes já foram vales, e os vales já foram montes ou campinas; os desertos já foram povoados e os povoados agora, já foram desertos. Mas olha em especial para os povoados, porque o mundo são os homens. Tudo está fervendo em movimentos que acabam e começam; uns a sair dos seios das mães, outros a entrar nos ventres das sepultas; aqueles cantam, dali a pouco choram; estoutros choram, dali a pouco cantam; aqui se está enfeitando um vivo, parede-meia estão amortalhando defunto; aqui contratam, acolá distratam; aqui conversam, acolá brigam; aqui estão à mesa rindo e fartando-se, acolá estão no leito gemendo o que riram e sangrando-se do que comeram... Lá vai um coche com os pés sobre tela e veludo, atrás das rodas vai um pobre, nu e descalço. E que turbamulta é aquela que vai cobrindo os campos de armas e carruagens? É um exército, que vai a uma de duas cousas: ou a morrer ou a matar. E sobre quê? Sobre que dois palmos de terra são de cá, e não de lá... E que árvores são aquelas que vão voando pelas ondas com asas de pano? São navios, que vão buscar muito longe cousas que piquem a língua, cousas que alegrem os olhos, isto é: espécies, sedas, ouro. Olhai o tráfego! Tudo ferve, tudo se muda por instantes. Se divertides os olhos, dali a nada tudo achareis virado: o rico já é pobre, o mecânico já é fidalgo, o moço já é velho, o são já é enfermo, e o homem já é cinzas. Já são outras as cidades, outras as ruas, outra linguagem, outros trajes, outras leis, outros homens... Tudo passa!

Exórdio ou Introdução
"Quanto verdade é que a figura deste mundo sempre está passando, e nós com ela! Dos sábios e justos diz Isaías que veem a Terra de longe. Ora vem cá, alma minha. Fazer por ser sábio, toma as asas da contemplação e suspende-te nelas e olha de longe para esta bola de terra, e verás como a sua figura está passando".

Argumentação ou Desenvolvimento
"Que é o que vês? Mares, rios, árvores, montes, vales, campinas, desertos, povoados... e tudo passando; os mares em contínuas crescentes e minguantes; os rios sempre correndo; as árvores sempre remundando-se, ora secas, ora floridas; ora murchas; os montes já foram vales, e os vales já foram montes ou campinas; os desertos já foram povoados e os povoados agora, já foram desertos. Mas olha em especial para os povoados, porque o mundo são os homens. Tudo está fervendo em movimentos que acabam e começam; uns a sair dos seios das mães, outros a entrar nos ventres das sepultas; aqueles cantam, dali a pouco choram; estoutros choram, dali a pouco cantam; aqui se está enfeitando um vivo, parede-meia estão amortalhando defunto; aqui contratam, acolá distratam; aqui conversam, acolá brigam; aqui estão à mesa rindo e fartando-se, acolá estão no leito gemendo o que riram e sangrando-se do que comeram... Lá vai um coche com os pés sobre tela e veludo, atrás das rodas vai um pobre, nu e descalço. E que turbamulta é aquela que vai cobrindo os campos de armas e carruagens? É um exército, que vai a uma de duas cousas: ou a morrer ou a matar. E sobre que? Sobre que dois palmos de terra são de cá, e não de lá... E que árvores são aquelas que vão voando pelas ondas com asas de pano? São navios, que vão buscar muito longe cousas que piquem a língua, cousas que alegrem os olhos, isto é: espécies, sedas, ouro. Olhai o tráfego! Tudo ferve, tudo se muda por instantes. Se divertides os olhos, dali a nada tudo achareis virado: o rico já é pobre, o mecânico já é fidalgo, o moço já é velho, o são já é enfermo, e o homem já é cinzas".

Peroração ou Conclusão
"Já são outras as cidades, outras as ruas, outra linguagem, outros trajes, outras leis, outros homens... Tudo passa!"

Sermão de Santo Antônio[1]

Pregado na Cidade S. Luís do Maranhão, ano de 1654.

Este Sermão (que todo ele é alegórico) pregou o Autor três dias antes de se embarcar ocultamente para o Reino, a procurar o remédio da salvação dos Índios, pelas causas que se apontam no I. Sermão do I. Tomo.[2] E nele tocou todos os pontos de doutrina (posto que perseguida) que mais necessários eram ao bem espiritual, e temporal daquela terra, como facilmente se pode entender das mesmas alegorias. *Vos estis sal terrae*, Mateus, 5.[3]

Capítulo I

Cinco parágrafos

¶ 1

Vós, diz Cristo Senhor nosso, falando com os pregadores, sois o sal da terra: [4] e chama-lhes sal da terra, porque quer que façam na terra o que faz o sal. O efeito do sal é impedir a corrupção, mas quando a terra se vê tão corrupta como está a nossa, [5] havendo tantos nela que têm ofício de sal, [6] qual será ou qual pode ser a causa desta corrupção? [7] Ou é porque o sal não salga, ou porque a terra se não deixa salgar. Ou é porque o sal não salga, e os Pregadores não pregam a verdadeira doutrina; ou porque a terra se não deixa salgar, e os ouvintes, sendo verdadeira a doutrina que lhes dão, a não querem receber. Ou é porque o sal não salga, e os Pregadores dizem uma cousa e fazem outra; ou porque a terra se não deixa salgar, e os ouvintes querem antes imitar o que eles fazem o que fazer o que dizem; ou é porque o sal não salga, e os Pregadores se pregam a si e não a Cristo; [8] ou porque a terra se não deixa salgar, e os ouvintes em vez de servir a Cristo, servem os seus apetites. Não é tudo isto verdade? Ainda mal.[9]

¹ "Sermão de Santo Antônio" à semelhança do Sermão que fez Santo Antônio em Arimino, hoje Rimini. Na época, lá vivem muitos hereges. O Santo prega aos pecadores de Arimino; Vieira prega aos pecadores do Maranhão. Vieira, no século XVII, volta ao século XIII e imita o gesto do Santo.

² "Causas que se apontam no I Sermão do I Tomo" é o Sermão da Sexagésima. De propósito, é o primeiro Sermão do Livro dos Sermões. Nele Vieira prega verdadeira arte da oratória. É o Sermão do Sermão. Metalinguagem.

³ "Vós estis sal terrae, Mateus, 5" Cristo pregava o Sermão da Montanha. Pregava às multidões e aos apóstolos, não aos pregadores como quer Vieira. Só depois da morte de Jesus é que os apóstolos tornaram-se pregadores. "Vós sois o sal da terra; ora, se o sal vier a ser insípido, como lhe restaurar o sabor? Para nada mais presta senão para, lançado fora, ser pisado pelos homens".

⁴ Vós sois o sal da terra
   Vós – os pregadores
   Sal – a doutrina
   Terra – os ouvintes

Os pregadores são a doutrina dos ouvintes.
Os pregadores são a mensagem do povo de Maranhão
O orador é a conversão de seus interlocutores

Neste primeiro parágrafo do primeiro capítulo, Vieira investiga a causa por que o sal é inócuo. É inócuo porque não salga ou é inócuo porque os ouvintes não se deixam salgar. Os pregadores devem possuir as mesmas propriedades do sal: - evitar a deterioração. O povo do Maranhão está corrompido porque os pregadores não têm a eficácia da pregação ou porque o povo é surdo às mensagens dos pregadores.

⁵ "... a terra se vê tão corrupta como está a nossa..." nossa terra refere-se à terra do Maranhão, ao povo do Maranhão, aos colonos que querem enriquecer-se à custa da escravidão do Índio.

⁶ "... têm ofício de sal..." Têm ofício de sal aqueles que têm o dever de pregar. Os Jesuítas, por exemplo, têm o ofício de sal.

⁷ "... qual pode ser a causa desta corrupção?"
A causa da corrupção é a seguinte: ou é porque o sal não salga, ou porque a terra se não deixa salgar. A culpa é pois, do sal ou da terra, ou seja dos pregadores e suas doutrinas ou dos ouvintes – os habitantes do Maranhão. Disjuntivamente, dois culpados: os pregadores ou ouvintes. A culpa é dos pregadores, quando não pregam a verdadeira doutrina, ou quando dizem uma coisa e fazem outra, ou quando se pregam a si e não a Cristo. A culpa é dos ouvintes, quando, sendo verdadeira a doutrina que lhe dão, a não querem receber ou querem antes imitar o que eles fazem, querem fazer o que dizem ou em vez de servirem a Cristo servem a seus apetites.

⁸ "... e os Pregadores se pregam a si e não a Cristo..." Trocadilho tão a gosto do barroco. Pregar um sermão, anunciar ao ouvinte uma verdade, pregar a fé aos infiéis, propagar e pregar, agarrar-se, apegar-se aos seus interesses egoísticos. Esses pregadores que não salgam, pregam a si e defendem seus próprios interesses.

⁹ "Não é tudo verdade? Ainda mal" É mal que tudo isso seja verdade.

¶ 2

Suposto, pois, que ou o sal não salgue ou a terra se não deixe salgar, que se há-de fazer a este sal e que se há-de fazer a esta terra? ¹O que se há-de fazer ao sal que não salga, Cristo o disse logo: *Quod si sal evanuerit, in quo salietur? Ad nihilum valet ultra, nisit ut mittatur foras et conculcetur ab hominibus.* ²Se o sal perder a substância e a virtude, e o pregador faltar à doutrina e ao exemplo³, o que se lhe há--de fazer, é lançá-lo fora como inútil para que seja pisado de todos⁴. Quem se atrevera a dizer tal coisa, se o mesmo Cristo a não pronunciara? ⁵Assim como não há quem seja mais digno de reverência e de ser posto sobre a cabeça ⁶que o Pregador que ensina e faz o que deve, assim é merecedor de todo o desprezo e de ser metido debaixo dos pés⁷ o que com a palavra ou com a vida prega o contrário.

¹ "O que se há de fazer a este sal e que se há de fazer a esta terra?" Deve o orador dar o destino do sal inócuo e da terra indiferente. Que fazer com o pregador ineficaz? Que fazer com o ouvinte que não quer ouvir? O parágrafo 2 vai responder o que se deve fazer com o inócuo sal. Aliás, a resposta é a do próprio Cristo no evangelho de Mateus, 5, Versículo 13.

² "Quod si sal evanuerit..." Mateus 5/13 – E se o sal perder a sua força com que se há de salgar? Para nenhuma coisa serve senão para se lançar e ser pisado pelos homens.

³ "Se o sal perder a substância e a virtude, e o pregador faltar à doutrina e ao exemplo..."
Sal, friável, seco, solúvel e de gosto acre (sua substância) tem o emprego na alimentação. Quer como condimento, quer na preparação de conservas (sua virtude). Vieira despreza, no texto, a propriedade do sal como tempero. Apega-se à propriedade de conservador do alimento. O sal tem substância e virtude. Por metáfora, o pregador é o sal. Tem doutrina e exemplo.

⁴ "... lançá-lo para fora como inútil para que seja pisado de todos". É a resposta que dá Cristo no Evangelho. Assim, o orador sente-se mais confortável na sua pregação. Não é ele quem diz. É Cristo quem afirma.

⁵ "Quem se atreve a dizer tal coisa, se o mesmo Cristo a não pronunciara?" Quem se atreveria a dizer tal coisa (o que digo), se o mesmo Cristo a não houvesse pronunciado?

⁶ "... sobre a cabeça..." em lugar mais elevado, no alto, digno de ser contemplado.

⁷ "... debaixo dos pés..." em lugar mais baixo, no chão, indigno de ser observado. Sobre a cabeça / debaixo dos pés – Antítese. Sobre a cabeça, o sal que salga. Debaixo dos pés, o sal que não salga.

¶ 3
Isto é o que se deve fazer ao sal que não salga¹. E à terra que se não deixa salgar, que se lhe há-de fazer? Este ponto não resolveu Cristo Senhor nosso no Evangelho; mas temos sobre ele a resolução do nosso grande Português Santo Antônio, que hoje celebramos, e a mais galharda e gloriosa resolução² que nenhum santo tomou. Pregava Santo Antônio em Itália na cidade de Arimino, ³contra os Hereges, ⁴que nela eram muitos; e como erros de entendimento são dificultosos de arrancar, não só não fazia fruto o Santo⁵, mas chegou o Povo a se levantar contra ele, e faltou pouco para que lhe não tirassem a vida. Que faria neste caso o ânimo generoso do grande Antônio? Sacudiria o pó dos sapatos, como Cristo aconselha em outro lugar? ⁶Mas Antônio com os pés descalços⁷ não podia fazer esta protestação, e uns pés a que se não pegou nada da terra não tinham que sacudir. ⁸Que faria logo? Retirar-se-ia? Calar-se-ia? Dissimularia? Daria tempo ao tempo? Isso ensinaria porventura a prudência ou a covardia humana; mas o zelo da glória divina, que ardia naquele peito, não se rendeu a semelhantes partidos⁹. Pois que fez? Mudou

somente o púlpito e o auditório[10], mas não desistiu da doutrina. Deixa as praças, vai-se às praias, deixa a terra, vai-se ao mar[11], e começa a dizer a altas vozes: Já que me não querem ouvir os homens, ouçam-me os peixes. Oh maravilhas do Altíssimo! Oh poderes do que criou o mar e a terra! Começam a ferver as ondas, começam a concorrer os peixes, os grandes, os maiores, os pequenos, e postos todos por sua ordem com as cabeças de fora da água, Antônio pregava e eles ouviam[12].

[1] "Isto é o que se deve fazer ao sal que não salga". Ao sal que não salga, Vieira buscou resposta no Evangelho, Mateus 5, 13 (lançar-se fora e ser pisado pelos homens). À terra que se não deixar salgar, Vieira buscou resposta na experiência vivida por Santo Antônio (abandonou os homens e pregou aos peixes).

[2] "galharda e gloriosa resolução..." Santo Antônio tomou uma decisão gloriosa e nobre, decisão que nenhum santo tomou: abandonar os homens e falar aos peixes.

[3] "cidade de Arimino" – Hoje Rimini – cidade no centro norte da Itália.

[4] "Hereges" – aqueles que professam doutrina contrária ao que foi definido pela Igreja; pecadores. Na Itália, os hereges são os habitantes de Arimino. No Brasil, os hereges são os habitantes de São Luís do Maranhão, que querem enriquecer-se às custas da escravidão do Índio.

[5] "... não só não fazia fruto o Santo..." As palavras do santo eram inócuas. Os hereges não se deixavam salgar pelas palavras do pregador. Leia-se no Sermão da Sexagésima, pregado por Vieira na Capela Real de Lisboa, em 1655: "Fazer pouco fruto a palavra de Deus no mundo pode proceder de um de três princípios: ou da parte do pregador ou da parte do ouvinte ou da parte de Deus". Observe o pleonasmo na dupla negativa: não só não fazia...

⁶ "Sacudiria o pó dos sapatos, como Cristo aconselha em outro lugar?" Cristo aconselha em Mateus 10 -/14. Sacudir o pó do sapato é um protesto contra os pregadores que não querem ouvir a palavra de Deus.

⁷ "mas Antônio com os pés descalços". Pés descalços – demonstração de pobreza dos frades. Pés descalços – sinal de humildade. A conjunção "mas" é expressiva. Nega parcialmente o que se disse antes. Como sacudir o pó dos sapatos, já que Santo Antônio voluntariamente andava descalço?

⁸ "... e uns pés a que se não pegou nada da terra não tinham que sacudir". Vieira tinha de Santo Antônio um conceito tão eloquente que julgava o santo, material e espiritualmente, longe da terra. Pés que não tocam a terra, não têm pó para sacudir.

⁹ "... a semelhantes partidos..." a várias maneiras de pensar. Santo Antônio não se rendeu aos pensamentos contrários aos dele.

¹⁰ "mudou somente o púlpito e o auditório". Antes, o púlpito era a Igreja e o auditório, os ouvintes. Como os ouvintes são hereges, o púlpito agora são as praias e o auditório são os peixes.

¹¹ "Deixa as praças, vai-se às parias, deixa a terra, vai-se ao mar..." Antítese – praças / praias; terra / mar. A sonoridade também é expressiva. Cada oração pode ser considerado um verso de três sílabas poéticas

Dei/xa as/ pra/ças
  1   2   3 X

Vai-/se   às/   pra/ias
 1   2   3   X

Dei/xa   a/   ter/ra
 1   2   3   X

Vai-/se   ao/   mar/
 1   2   3

[12] "... Antônio pregava e eles ouviam"
É o que diz a tradição. Os peixes vieram ouvir o Santo. O milagre ocorreu na foz do rio Marecchia.

¶ 4
Se a Igreja quer que preguemos de Santo Antônio sobre o Evangelho, dê-nos outro[1]. *Vos estis sal terrae*: É muito bom texto para os outros Santos Doutores[2]; mas para Santo Antônio vem-lhe muito curto[3]. Os outros Santos Doutores da Igreja foram sal da terra; Santo Antônio foi sal da terra e foi sal do mar. Este é o assunto que eu tinha para tomar hoje. Mas há muitos dias que tenho metido no pensamento que, nas festas dos Santos, é melhor pregar como eles, que pregar deles. Quanto mais que o são[4] da minha doutrina, qualquer que ele seja, tem tido nesta terra uma fortuna[5] tão parecida à de Santo Antônio em Arimino, que é força segui-la em tudo. Muitas vezes vos tenho pregado nesta igreja, e noutras, de manhã e de tarde, de dia e de noite, sempre com doutrina muito clara, muito sólida, muito verdadeira, e a que mais necessária e importante é a esta terra, para emenda e reforma dos vícios que a corrompem. O fruto que tenho colhido desta doutrina, e se a terra tem tomado o sal, ou se tem tomado dele[6], vós o sabeis e eu por vós o sinto.

[1] "dê-nos outro". – Porque este texto é pouco para o evangelho de Santo Antônio.

² "... outros Santos Doutores"
Doutores da Igreja são aqueles Santos que, além de serem modelos de vida, são também modelos de intelectualidade. São os Doutores da Igreja: Santo Antônio, Santo Ambrósio, Santo Agostinho, São Gregório Magno, São Jerônimo e Santo Tomás de Aquino. Observe que, apesar do nome deste último Doutor da Igreja iniciar-se por consoantes, chamemos-lhe Santo Tomás de Aquino e não São Tomás de Aquino. Seu nome é muito expressivo como Doutor da Igreja. Não admite, pois, a forma sincopada "São".

³ "Vem-lhe muito curto" – é pouco para tanta grandeza.

⁴ "o são da minha doutrina..."
São – adjetivo substantivado – o sadio da minha doutrina, o bom da minha doutrina, o que há de melhor na minha doutrina.

⁵ "Fortuna" – sorte, bom destino.

⁶ "... e se a terra tem tomado o sal, ou se tem tomado dele..." ou seja – e se a terra tem tomado a doutrina ou se tem tomado ao menos parte desta Doutrina.

¶ 5

Isto suposto[1], quero hoje, à imitação de Santo Antônio, voltar-me da terra ao mar e, já que os homens se não aproveitam, pregar aos peixes. O mar está tão perto que bem me ouvirão[2]. Os demais podem deixar o Sermão, pois não é para eles. Maria[3], quer dizer, Domina maris: Senhora do mar. E, posto que o assunto seja tão desusado[4], espero que me não falte com a costumada graça. Ave Maria.

¹ "Isto suposto" – uma breve conclusão. Supondo verdadeiro tudo o que se disse, o orador quer então imitar Santo Antônio. O Santo abandonou os homens em Arimino, já que eram hereges, e foi falar aos peixes. Vieira abandona os homens em São Luís do Maranhão, já que são ambiciosos, e vai falar aos peixes. Ambos mudaram de púlpito e de auditório.

² "O mar está tão perto que bem me ouvirão" Entende-se: Os homens estão tão longe que mal me ouvirão.

³ "Maria"... Inicia-se aqui a invocação.

⁴ "... assunto seja desusado" – não comum, especial inusitado. Sem dúvidas, falar aos peixes é assunto desusado.

Comentários ao Primeiro Capítulo
Exórdio ou Intróito

Vos estis sal terrae
"Vós sois o sal da terra"

Vieira vai buscar, no Evangelho, o tema de seu Sermão, (Mateus, 5/13). A terra se vê tão corrupta. Se os colonos do Maranhão são tão ambiciosos, como conciliar a existência de tão assombrosa corrupção com a existência dos pregadores que, tal qual Vieira, são o sal da terra? O sal tem, pelo menos, duas propriedades. Tempera os alimentos e conserva os alimentos. Vieira não cuida da primeira propriedade. Fala da segunda, por metáfora. Assim como o sal conserva os alimentos, os pregadores conservam os fiéis no caminho da retidão e da fé; eis por que os pregadores são o sal da terra, sal da humanidade, sal dos Cristãos de Maranhão. Contudo, apesar deste sal, os colonos do Maranhão continuam corruptos. Qual a causa de tanta corrupção?
I   o sal não salga
II a terra não se deixa salgar

Vamos revelar a metáfora:
I   A palavra dos pregadores é inócua
II Os habitantes do Maranhão são indiferentes à palavra dos pregadores

Em que hipótese a palavra do pregador é inócua?
Em três hipóteses:
1 - Os pregadores não pregam a verdadeira doutrina
2 - Os pregadores dizem uma coisa e fazem outra.
3 - Os pregadores pregam-se a si e não a Cristo

Em que hipótese os habitantes do Maranhão são indiferentes à palavra dos pregadores?

Em três hipóteses:
1 - Os habitantes do Maranhão não querem receber a verdadeira doutrina.
2 - Os habitantes do Maranhão querem antes imitar o que os pregadores fazem que fazer o que dizem.
3 - Os habitantes do Maranhão em vez de servir a Cristo servem a seus apetites.

Já que o sal não salga (hipótese I) ou a terra não se deixa salgar (hipótese II), o que se há de fazer? Para a primeira hipótese, Cristo dá a resposta: lançar o sal fora como inútil para ser pisado por todos. (Mateus, 5/13). E na segunda hipótese? Vieira não encontra resposta no Evangelho. Encontra a resposta em Santo Antônio: mudar de púlpito e de auditório. Deixar as praças, ir-se às praias; deixar a terra, ir-se ao mar. *Vos estis sal terrae.* Vós sois o sal da terra. "Vós" são os pregadores, "sal" é a doutrina do evangelho, "terra" são os ouvintes, no caso os colonos do Maranhão. A função dos pregadores e sua doutrina é impedir a corrupção. Contudo, no Maranhão só se vê corrupção, isto porque os pregadores não são eficazes ou porque os colonos não os querem ouvir. Que fazer? Aos pregadores lançá-los fora como desprezíveis. Aos colonos do Maranhão, abandoná-los e imitando Santo Antônio, pregar aos peixes.

Capítulo II
Seis parágrafos

¶ 1

Enfim, que havemos de pregar[1] hoje aos peixes? Nunca pior auditório. Ao menos têm os peixes duas boas qualidades de ouvintes: ouvem e não falam. Uma só coisa pudera desconsolar ao Pregador, que é serem gente os peixes que se não há-de converter[2]. Mas esta dor é tão ordinária[3], que já pelo costume quase se não sente. Por esta causa não falarei hoje em Céu nem Inferno: e assim será menos triste este Sermão do que os meus parecem aos homens, pelos[4] encaminhar sempre à lembrança destes dois fins.

[1] "havemos de pregar" – não se trata do assunto; trata-se do ato de pregar aos peixes. É uma interrogação retórica.

[2] "... que se não há de converter..." O orador fica desconsolado, já que não pode convencer os peixes.

[3] "mas esta dor é tão ordinária..." A conjunção adversativa "mas" é um consolo. Pouco importa que não se convertam os peixes; os homens também não se convertem. Dor ordinária, comum, frequente, corriqueira.

[4] "pelos encaminhar sempre à lembrança destes dois fins" por motivo de os encaminhar sempre à lembrança destes dois fins. Os dois fins últimos do homem: o céu e o inferno.

¶ 2

Vos estis sal terrae. Haveis de saber, irmãos peixes[1], que o sal, filho do mar como vós, tem duas propriedades, as quais em vós mesmos se experimentam: conservar o são, e preservá-lo,[2] para que se não corrompa. Estas mesmas propriedades tinham as pregações do vosso pregador Santo Antônio, como também as devem ter as de todos os pregadores. Uma é louvar o bem, outra repreender o mal:[3] louvar o bem para o conservar e repreender o mal para preservar dele. Nem cuideis que isto pertence só aos homens, porque também nos peixes tem seu lugar. Assim o diz o grande Doutor da Igreja S. Basílio: *Non carpere solum, reprehendere que possumus pisces, sed sunt in illis, et quae prosequenda sunt imitatione*[4]. Não só há que notar, diz o Santo, e que repreender nos peixes, senão também que imitar e louvar. Quando Cristo comparou a sua Igreja à rede de pescar, *Sagenae missae in mare*[5], diz que os pescadores recolheram os peixes bons e lançaram fora os maus: *Elegerunt bonos in vasa, malos autem foras miserunt*[6]. E, onde há bons e maus, há que louvar e que repreender. Suposto isto, para que procedamos com clareza, dividirei, peixes, o vosso Sermão em dois pontos: no primeiro louvar-vos-ei as vossas virtudes, no segundo repreender-vos-ei os vossos vícios[7]. E desta maneira satisfaremos às obrigações do sal, que melhor vos está ouvi-las vivos que experimentá-las depois de mortos[8].

[1] "Haveis de saber, irmãos peixes..." – Vieira chama os peixes de irmãos tal qual chamariam de irmãos os franciscanos, entre eles São Francisco e Santo Antônio.

[2] "conservar o são, e preservá-los..." são as duas propriedades do sal, segundo o orador.

[3] "uma é louvar o bem, outra repreender o mal" É a revelação da metáfora: - conservar o são e preservá-la.

[4] "Non carpere solum..." Tradução: não temos só coisas a criticar e repreender nos peixes, mas também coisas a imitar e louvar.

[5] "Sagenae missae in mare" – Redes lançadas ao mar – Mateus 13/47.

[6] "Elegerunt bonos in vasa..." Escolheram os bons para vasos e deitaram fora os maus. Mateus 13/48.

⁷ "... dividirei, peixes, o vosso Sermão em dois pontos: no primeiro louvar-vos-ei as vossas virtudes, no segundo repreender-vos-ei os vossos vícios" Vieira indica nesta passagem o assunto de todo o Sermão: louvor aos peixes e repreensão aos peixes.

⁸ "... que melhor vos está ouvi-las vivos, que experimentá-las depois de mortos" Das obrigações do sal (conservar o são e preservar do mal) é melhor que os peixes saibam dessa propriedade em vida e não depois de mortos. Depois de mortos, embora não saberão, serão conservados pelo sal. Mas que saibam ainda em vida.

¶ 3
Começando pois pelos vossos louvores, irmãos peixes, bem vos pudera eu dizer que, entre todas as criaturas viventes e sensitivas, vós fostes as primeiras que Deus criou. A vós criou primeiro que as aves do ar, a vós primeiro que aos animais da terra e a vós primeiro que ao mesmo¹ homem. Ao homem deu Deus a monarquia² e o domínio de todos os animais dos três elementos, e nas provisões³ em que o honrou com estes poderes, os primeiros nomeados foram os peixes: *Ut praesit piscibus maris et volatilibus caeli, et bestiis, universaeque terrae*⁴. Entre todos os animais do mundo, os peixes são os mais, e os peixes os maiores⁵. Que comparação têm em número as espécies das aves e as dos animais terrestres com as dos peixes? Que comparação na grandeza o elefante com a baleia?⁶ Por isso Moisés, Cronista da criação, calando os nomes de todos os animais, só a ela nomeou pelo seu: *Creavit Deus cete grandia*⁷. E os três músicos da fornalha da Babilónia⁸ o cantaram também como singular entre todos: *Benedicite, cete, et omnia quae moventur in aquis, Domino*⁹. Estes e outros louvores, estas e outras excelências de vossa geração e grandeza vos pudera dizer, ó peixes; mas isto é lá¹⁰ para os homens, que se deixam levar destas vaidades, e é também para os lugares em que tem lugar a adulação, e não para o púlpito.

¹ "... e a vós primeiro que ao mesmo homem..." Deus criou aos peixes primeiro que ao próprio homem.

² "Ao homem deu Deus a monarquia..." Deus deu o Governo ao homem

³ "... e, nas provisões em que o honrou...". E, nos documentos em que o honrou.

⁴ "Ut praesit piscibus maris..." para que (o homem) domine sobre os peixes do mar, as aves do céu e os animais de toda terra.

⁵ "... os peixes são os mais e os peixes os maiores". Os peixes são os mais numerosos e os maiores em tamanho, entre todos os animais do mundo.

⁶ "Baleia" – Engano do orador. Baleia não é peixe. É um mamífero marinho da ordem dos cetáceos (mamíferos com forma de peixe).

⁷ "Creavit Deus cete grandia". Deus criou a enorme Baleia. Gênesis – 1/21.

⁸ "E os três músicos da fornalha de Babilônia..." Sidrac, Misac e Abdênago que recusaram a adorar a estátua de ouro de Nabucodonosor. Este os coloca numa fornalha. Contudo, milagrosamente, o calor não os afeta. Cantam dentro da fornalha, louvando o verdadeiro Senhor. Os três eram discípulos do profeta Daniel.

⁹ "Benedicite, cete, et omnia quae moventur in aquis, Domino". Peixes graúdos e tudo o que move nas águas, bem dizei ao Senhor – Daniel 3.

¹⁰ "... mas isto é lá para os homens..." No texto, o advérbio "lá" é meramente partícula expressiva. Não tem conotação de lugar.

¶ **4**

Vindo, pois, irmãos, às vossas virtudes[1], que são as que só podem dar o verdadeiro louvor, a primeira que se me oferece aos olhos hoje, é aquela obediência com que, chamados, acudistes todos pela honra de vosso Criador e Senhor, e aquela ordem, quietação[2] e atenção com que ouvistes a palavra de Deus da boca de seu servo Antônio. Oh grande louvor verdadeiramente para os peixes, e grande afronta e confusão para os homens! Os homens perseguindo a Antônio[3], querendo-o lançar da terra, e ainda do mundo, se pudessem, porque lhes repreendia seus vícios, porque lhes não queria falar à vontade[4] e condescender com seus erros; e no mesmo tempo os peixes em inumerável concurso acudindo à sua voz, atentos e suspensos às suas palavras, escutando com silêncio e com sinais de admiração e assenso[5] (como se tiveram entendimento) o que não entendiam. Quem olhasse neste passo para o mar e para a terra, e visse na terra os homens tão furiosos e obstinados e no mar os peixes tão quietos e tão devotos, que havia de dizer? Poderia cuidar que os peixes irracionais se tinham convertido em homens, e os homens não em peixes, mas em feras. Aos homens deu Deus uso de razão, e não aos peixes; mas neste caso os homens tinham a razão sem o uso, e os peixes o uso sem a razão[6]. Muito louvor mereceis, peixes, por este respeito e devoção que tivestes aos Pregadores da palavra de Deus, e tanto mais quanto não foi só esta a vez em que assim o fizestes. Ia Jonas[7], pregador do mesmo Deus, embarcado em um navio, quando se levantou aquela grande tempestade; e como o trataram os homens, como o trataram os peixes? Os homens lançaram-no ao mar a ser comido dos peixes[8], e o peixe que o comeu, levou-o às praias de Nínive, para que lá pregasse e salvasse aqueles homens. É possível que os peixes ajudam à salvação dos homens, e os homens lançam ao mar os ministros da salvação? Vede, peixes, e não vos venha vanglória[9], quanto melhores sois que os homens. Os homens tiveram entranhas para deitar Jonas ao mar, e o peixe recolheu nas entranhas a Jonas, para o levar vivo à terra[10].

¹ "Vindo, pois, irmãos, às vossas virtudes" Seguem aqui as virtudes dos peixes a quem chama de irmãos: a obediência, a ordem, a quietação e a atenção com que ouviram a palavra de Deus pela boca de Santo Antônio.

² "quietação" Estado de quem se acha quieto. Estado daquilo que está sereno, tranquilo.

³ "Os homens perseguindo a Antônio..." Vieira sutilmente quer associar a história de Santo Antônio à sua própria história. A população de Arimino perseguia o Santo e queria-o lançar da terra (matá-lo). Os colônios do Maranhão perseguiam Vieira e queriam expulsá-lo da terra de Maranhão.

⁴ "... porque lhes não queria falar à vontade..." Santo Antônio não queria falar às paixões e aos vícios daqueles hereges.

⁵ "... os peixes... escutando com sinais de admiração e assenso" admiração e assentimento, concordância.

⁶ "... mas neste caso os homens tinham a razão sem o uso, e os peixes o uso sem razão..." Quiasmo. Posição cruzada da ordem das partes simétricas que formem uma antítese ou um paralelo.

⁷ "Jonas" – um dos profetas menores, que, segundo a Bíblia, foi milagrosamente salvo depois de haver passado três dias no ventre de uma baleia. Lançado na praia, Jonas pregou em Nínive, capital da Assíria, na margem do rio Tigre, norte do atual Iraque.

⁸ "lançaram-no ao mar a ser comido dos peixes" elegante agente da voz passiva regido, não pela preposição "por", mas pela preposição "de".

⁹ "... e não vos venha vanglória..." Vanglória – pressunção infundada, jactância, vaidade, ostentação, bazófia.

¹⁰ "Os homens tiveram entranhas para deitar Jonas ao mar, e o peixe recolheu nas entranhas a Jonas..." Próprio do estilo barroco. O substantivo "entranhas" usado em dois sentidos. No primeiro, sentido moral, sentimento, coragem, atrevimento, disposição. No segundo, o sentido físico, cada um dos órgãos que estão contidos nas cavidades do corpo; vísceras.

¶ 5
Mas porque nestas duas ações teve maior parte a Omnipotência que a natureza (como também em todas as milagrosas que obram os homens), passo às virtudes naturais e próprias vossas. Falando dos peixes, Aristóteles[1] diz que só eles, entre todos os animais, se não domam nem domesticam. Dos animais terrestres o cão é tão doméstico, o cavalo tão sujeito[2], o boi tão serviçal, o bugio[3] tão amigo ou tão lisonjeiro, e até os leões e os tigres com arte e benefícios se amansam. Dos animais do ar, afora aquelas aves que se criam e vivem conosco, o papagaio nos fala, o rouxinol nos canta, o açor[4] nos ajuda e nos recreia; e até as grandes aves de rapina, encolhendo as unhas, reconhecem a mão de quem recebem o sustento. Os peixes, pelo contrário, lá se vivem nos seus mares e rios, lá se mergulham nos seus pegos[5], lá se escondem nas suas grutas, e não há nenhum tão grande que se fie do homem, nem tão pequeno que não fuja dele. Os Autores comumente condenam esta condição dos peixes, e a deitam[6] à pouca docilidade ou demasiada bruteza; mas eu sou de mui diferente opinião. Não condeno, antes louvo muito aos peixes este seu retiro, e me parece que se não fora natureza[7] era grande prudência. Peixes, quanto mais longe dos homens tanto melhor: trato e familiaridade com eles, Deus vos livre. Se os animais da terra e do ar querem ser seus familiares, façam-no muito embora, que com suas pensões[8] o fazem. Cante-lhes aos homens o rouxinol, mas na sua gaiola; diga-lhes ditos o papagaio, mas na sua cadeia; vá com eles à

caça o açor, mas nas suas pioses[9]; faça-lhes bufonerias[10] o bugio, mas no seu cepo[11]; contente-se o cão de lhes roer um osso, mas levado onde não quer pela trela[12]; preze-se o boi de lhe chamarem formoso ou fidalgo, mas com o jugo sobre a cerviz[13], puxando pelo arado e pelo carro; glorie-se o cavalo de mastigar freios dourados, mas debaixo da vara e da espora; e se os tigres e os leões lhe comem a ração da carne que não caçaram no bosque, sejam presos e encerrados com grades de ferro. E entretanto vós, peixes, longe dos homens e fora dessas cortesanias[14], vivereis só convosco, sim, mas como peixe na água. De casa e das portas a dentro tendes o exemplo de toda esta verdade, o qual vos quero lembrar, porque há Filósofos que dizem que não tendes memória.

[1] "Aristóteles" – célebre filósofo grego. Discípulo de Platão e mestre de Alexandre, o Grande. (384 a 322 a. C)

[2] "cavalo tão sujeito..." cavalo tão servil, submisso, obediente.

[3] "bugio" – espécie de macaco; mono

[4] "açor" – ave de rapina

[5] "pego" – o ponto mais fundo de um rio; pélago.

[6] "e a deitam" – e a atribuem; e a imputam

[7] "... se não fora natureza..." se não fora a condição natural (dos peixes); se não fora seu instinto.

[8] "com suas pensões" – com seu próprio esforço; com seu sacrifício.

[9] "pioses" – plural de pios; corrente para prender as aves; correia, arame.

¹⁰ "bufonerias" – as ações do bufão; palhaçadas, trejeitos, caretas, graças.

¹¹ "cepo" – pedaço de madeira que se prende às pernas dos animais para não fugirem; tronco de madeira.

¹² "trela" – correia com que se prende o cão para ser conduzido, geralmente à caça.

¹³ "cerviz" – a nuca, compreendendo a parte posterior do pescoço.

¹⁴ "cortesanias..." gentilezas, delicadezas, vida de cortesão.

¶ 6

No tempo de Noé¹ sucedeu o Dilúvio, que cobriu e alagou o mundo: e de todos os animais quais livraram melhor? ²Dos leões escaparam dois, leão e leoa, e assim dos outros animais da terra; das águias escaparam duas, fêmea e macho, e assim das outras aves. E dos peixes? Todos escaparam: antes não só escaparam todos, mas ficaram muito mais largos que dantes, porque a terra e o mar tudo era mar³. Pois se morreram naquele universal castigo todos os animais da terra e todas as aves, porque não morreram também os peixes? Sabeis porquê? Diz Santo Ambrósio⁴, porque os outros animais, como mais domésticos ou mais vizinhos, tinham mais comunicação com os homens, os peixes viviam longe e retirados deles. Facilmente pudera⁵ Deus fazer que as águas fossem venenosas e matassem todos os peixes, assim como afogaram todos os outros animais. Bem o experimentais⁶ na força daquelas ervas com que, infeccionados⁷ os poços e lagos, a mesma água vos mata; mas como o Dilúvio era um castigo universal que Deus dava aos homens por seus pecados, e ao mundo pelos pecados dos homens, foi altíssima providência da divina Justiça que nele houvesse esta diversidade ou distinção, para que o mesmo mundo visse que da companhia dos homens lhe viera todo o mal, e que por isso os animais que viviam mais perto deles foram também castigados, e os que andavam longe ficaram livres. Vede, peixes, quão grande bem é estar longe dos homens. Perguntando um grande Filósofo qual era a melhor terra do mundo, respondeu que a mais deserta, porque tinha os homens mais longe. Se isto vos pregou também Santo Antônio, e foi este um dos benefícios de que vos exortou a dar graças ao Criador, bem vos pudera alegar consigo que quanto mais buscava a Deus, tanto mais fugia dos homens[8]. Para fugir dos homens deixou a casa de seus Pais, e se recolheu, ou acolheu[9], a uma Religião onde professasse perpétua clausura. E porque nem aqui o deixavam os que ele tinha deixado, primeiro deixou Lisboa[10], depois Coimbra, e finalmente Portugal. Para fugir e se esconder dos homens, mudou o Hábito, mudou o nome[11], e até a si mesmo se mudou, ocultando sua grande sabedoria debaixo da opinião de idiota[12], com que não fosse conhecido nem buscado, antes deixado de todos, como lhe sucedeu com seus próprios irmãos no Capítulo Geral de Assis[13]. De ali se retirou a fazer vida solitária em um ermo, do qual nunca saíra, se Deus como por força o não manifestara, e por fim acabou a vida em outro deserto, tanto mais unido com Deus, quanto mais apartado dos homens[14].

[1] "Noé" – patriarca bíblico. Diz a lenda que, por ordem de Deus, construiu a arca que devia salvar com sua família do dilúvio. Meteu nela casais de todos os animais viventes. Chegou ao monte Arara, quando as águas começaram a baixar.

[2] "quais livraram melhor?" quais se livraram entre todos?

[3] "porque a terra e o mar tudo era mar" construção comum ao estilo barroco. Observe a sonoridade e o ritmo da frase.

[4] "Santo Ambrósio" – Padre e arcebispo de Milão (340 – 397). Reformou o canto litúrgico. Festejado em 7 de dezembro.

[5] "Facilmente pudera..." Facilmente poderia

⁶ "Bem o experimentais" – O orador está falando com os peixes.

⁷ "infeccionados os poços e lagos..." envenenados os poços e lagos.

⁸ "... que quanto mais buscava a Deus tanto mais fugia dos homens..." Santo Antônio, buscando a Deus, fugia dos homens. Ou ainda, para buscar a Deus é preciso fugir dos homens. Observe a antítese: buscar / fugir.

⁹ "... e se recolheu, ou acolheu, a uma Religião..." a mudança do prefixo junto ao verbo colher lhe dá um sentido diverso. Recolher-se – sentido físico refugiar-se, procurar abrigo em, pôr-se ao abrigo. Acolher – sentido moral, espiritual, refugiar-se sob a proteção da religião.

¹⁰ "E porque nem aqui o deixavam os que ele tinha deixado, primeiro deixou Lisboa...". Verbo "deixar" usado em três sentidos diversos. E porque nem aqui o deixaram em paz os que ele tinha abandonado, primeiro partiu de Lisboa.

¹¹ (Santo Antônio). Mudou o nome. O Santo, antes de receber a ordem dos franciscanos chamava-se Fernando de Bulhões.

¹² "idiota" – ignorante.

¹³ "capítulo" – Assembléia de religiosos. Lugar onde se reúnem.

¹⁴ "tanto mais unidos com Deus quanto mais apartado dos homens". Antítese.

Comentários ao Segundo Capítulo
Exposição

O capítulo II inicia a Exposição com uma interrogação de efeito retórico: "Enfim, que havemos de pregar hoje aos peixes?" Destaca o orador duas qualidades dos peixes: ouvem e não falam. Qual auditório poderia ser melhor do que aquele formado de ouvintes que ouçam e não falem? Mas os peixes têm um defeito: não se convertem. Pouco importa. Já está acostumado com os ouvintes do Maranhão. Também não se convertem. Falando diretamente aos peixes lembra-lhes o orador ambas as propriedades do sal: conservar o são e preservá-lo. Também Santo Antônio tinha dois objetivos: preservar o bem, repreender o mal. Ser bom ou ser mau não é exclusividade do homem. Também os peixes devem ser louvados, (se bons) e repreendidos, (se maus). Invoca São Basílio para reforçar sua tese. O orador divide seu Sermão em duas partes: primeiro, louvor aos peixes, depois repreensão aos peixes. Começa pelo louvor:
- Os peixes são as primeiras criaturas criadas por Deus.
- Os peixes são os maiores entre todos animais criados.
- Os peixes têm virtudes: obediência, ordem, quietação e atenção.

O orador cita Aristóteles: os peixes, entre todos os animais, não se domam nem se domesticam. Contrários aos peixes, são ou podem ser domesticados: o cão, o cavalo, o boi, o bugio, os leões, os tigres; o papagaio, o rouxinol, o açor, as aves de rapina.
Os peixes vivem nos seus mares rios e não há nenhum tão grande que confie no homem nem tão pequeno que não fuja dele. Os outros animais aproximam-se dos homens mas com sacrifícios e obrigações:
- O rouxinol canta ao homem (proximidade), mas preso em sua gaiola (sacrifício).
- O papagaio fala ao homem (proximidade), mas preso na sua cadeira (sacrifício).
- o açor acompanha o homem na caça (proximidade), mas preso em sua correia (sacrifício).

- O bugio faz graça ao homem (proximidade), mas preso num tronco de madeira (sacrifício).
- O cão recebe do homem um osso para roer (proximidade), mas levado pela correia onde não quer ir (sacrifício).
- O boi é chamado de formoso ou fidalgo (proximidade), mas com o jugo no pescoço (sacrifício).
- O cavalo recebe do homem freios dourados (proximidade), mas sob vara e espora (sacrifício).
- Os tigres e os leões às vezes recebem ração do homem (proximidade), mas encerrados em grades de ferro (sacrifício).

E os peixes?
Lá se vivem nos seus mares e rios
Lá se mergulham nos seus pegos
Lá se escondem nas suas grutas

No dilúvio, dos animais, salvaram-se dois de cada espécie. Os peixes todos se salvaram. Mais. Ocuparam todo o planeta, porque
"A terra e o mar tudo era mar"
Elegante frase. Um verso de oito silabas poéticas, ritmo binário, com acento nas silabas pares (2 – 4 – 6 – 8). Qualquer alteração na posição das palavras não daria a mesma harmonia. Observe:
O mar e a terra tudo era mar
Tudo era mar a terra e o mar
Tudo a terra e o mar era mar
Era tudo mar o mar e a terra
Não. A frase de Vieira só podia ser esta
"A terra e o mar tudo era mar"
O orador invoca Santo Ambrósio para explicar que, no dilúvio, morreram todos os animais (exceto um casal de cada espécie). Mas os peixes sobreviram todos porque estavam mais longe dos homens. A melhor terra do mundo é a mais deserta, porque tem os homens afastado dela. Por isso, quis Santo Antônio afastar-se dos homens: deixou sua casa, deixou Lisboa, deixou Coimbra, deixou Portugal. Mais. Mudou o hábito, mudou o nome, preferiu vida solitária.

"Tanto mais unido com Deus quanto mais apartado dos homens". Portanto, os peixes são melhores que os homens, porque estão longe deles; quanto mais longe o orador estiver dos homens melhor para ele; assim o orador abandona os homens e, imitando Santo Antônio, vai pregar aos peixes.

Capítulo III
Sete parágrafos

¶ 1

Este é, peixes, em comum o natural que em todos vós louvo e a felicidade de que vos dou o parabém, não sem inveja. Descendo ao particular, infinita matéria fora, se houvera de discorrer pelas virtudes de que o Autor da Natureza a dotou e fez admirável em cada um de vós. De alguns somente farei menção. E o que tem o primeiro lugar entre todos, como tão celebrado na Escritura, é aquele Santo Peixe de Tobias[1], a quem o Texto Sagrado não dá outro nome que de grande, como verdadeiramente o foi nas virtudes interiores, em que só consiste a verdadeira grandeza. Ia Tobias caminhando com o anjo S. Rafael, que o acompanhava, e, descendo a lavar os pés do pó do caminho nas margens de um rio, eis que o investe um grande Peixe com a boca aberta, em acção de que o queria tragar. Gritou Tobias assombrado, mas o Anjo lhe disse que pegasse no Peixe pela barbatana e o arrastasse para terra, que o abrisse e lhe tirasse as entranhas, e as guardasse, porque lhe haviam de servir muito. Fê-lo assim Tobias, e, perguntando que virtude tinham as entranhas daquele Peixe que lhe mandara guardar, respondeu o Anjo que o fel era bom para sarar da cegueira e o coração para lançar fora os Demónios: *Cordis ejus particulam, si super carbones ponas, fumus ejus extricat omne genus Doemoniorum: et fel valet ad ungendos oculos, in quibus fuerit albugo, et sanabuntur*[2]. Assim o disse o Anjo, e assim o mostrou logo a experiência, porque, sendo o Pai de Tobias cego, aplicando-lhe o filho aos olhos um pequeno[3] do fel, cobrou inteiramente a vista; e tendo um Demónio, chamado Asmodeu[4], morto sete maridos a Sara, casou com ela o mesmo Tobias; e queimando na casa parte do coração, fugiu dali o Demónio e nunca mais tornou. De sorte que o fel daquele Peixe tirou a cegueira a Tobias, o velho, e lançou os Demónios de casa a Tobias, o moço[5]. Um Peixe de tão bom coração e de tão proveitoso fel, quem o não louvará muito? Certo que, se a este Peixe o vestiram de burel[6] e o ataram[7] com uma corda, pareceria um retrato marítimo de Santo Antônio. Abria Santo Antônio a boca contra os Hereges, e enviava-se[8] a eles, levado do fervor e zelo da Fé e glória divina. E eles que faziam? Gritavam como Tobias, e assombravam-se com aquele homem, e cuidavam que os queria comer. Ah homens, se houvesse um Anjo que vos revelasse qual é o coração desse homem e esse fel que tanto vos amarga, quão proveitoso e quão necessário vos é! Se vós lhe abrísseis esse peito e lhe vísseis as entranhas, como é certo que havíeis de achar e conhecer claramente nelas que só duas cousas pretende de vós, e convosco: uma é alumiar e curar vossas cegueiras, e outra lançar-vos os demónios fora de casa. Pois a quem vos quer tirar as cegueiras, a quem vos quer livrar dos demónios perseguis vós?! Só uma diferença havia entre Santo Antônio e aquele Peixe: que o Peixe abriu a boca contra quem se lavava, e Santo Antônio abria a sua contra os que se não queriam lavar[9]. Ah moradores do Maranhão, quanto eu vos pudera agora dizer neste caso! Abri, abri estas entranhas; vede, vede este coração[10]. Mas ah sim, que me não lembrava! Eu não vos prego a vós, prego aos peixes[11].

[1] 'Tobias" – Judeu da tribo de Neftali, célebre pela sua piedade. Tendo ficado cego na sua velhice, foi curado por seu filho, aconselhado pelo anjo Rafael.
[2] Tobias 6/8 – se puseres sobre as brasas um pedaço do seu coração, o fumo afugentará toda a espécie de demônios; e o fel serve para ungir os olhos doentes de névoa, que sararão.
[3] "um pequeno do fel" – uma pequena porção de fel.
[4] "Asmodeu". Provavelmente, nome persa para o demônio, responsável por toda violência.
[5] "Tobias, o velho; Tobias, o moço". Pai e filho chamavam-se Tobias. Observe a antítese o velho / o moço.
[6] "o vestiram de burel" – pano grosseiro de lã com o qual se vestem frade e freira.
[7] "e o ataram" – e o atassem.
[8] "e enviava-se" e atirava-se.
[9] "... o Peixe abriu a boca contra quem se lavava e Santo Antônio

abria a sua contra os que se não queriam lavar". Trocadilho. O verbo lavar com significado diverso.

[10] "... vede este coração" – o coração do próprio orador.

[11] "... prego aos peixes" – Ironia. O autor diz não pregar aos colonos do Maranhão e sim estar pregando aos peixes. É como se houvesse esquecido que prega aos peixes não aos colonos. Na verdade, o orador prega aos colonos, porque os peixes, como se verá, são os colonos, simbolicamente.

¶ 2

Passando dos da Escritura aos da história natural, quem haverá que não louve e admire muito a virtude tão celebrada da Rémora?[1] No dia de um Santo Menor[2], os peixes menores devem preferir aos outros. Quem haverá, digo, que não admire a virtude daquele peixezinho tão pequeno no corpo e tão grande na força e no poder, que, não sendo maior de um palmo, se se pega ao leme de uma Nau da Índia, apesar das velas e dos ventos, e de seu próprio peso e grandeza, a prende e amarra mais que as mesmas âncoras, sem se poder mover, nem ir por diante?[3] Oh se houvera uma Rémora na terra, que tivesse tanta força como a do mar, que menos perigos haveria na vida e que menos naufrágios no mundo! Se alguma rémora houve na terra, foi a língua de Santo Antônio, na qual, como na Rémora se verifica o verso de São Gregório Nazianzeno[4]: *Lingua quidem parva est, sed viribus omnia vincit*[5]. O Apóstolo Santiago[6], naquela sua eloquentíssirna Epístola, compara a língua ao leme da Nau e ao freio do cavalo. Uma e outra comparação juntas declaram maravilhosamente a virtude da Rémora, a qual, pegada ao leme da Nau, é freio da Nau e leme do leme. E tal foi a virtude e força da língua de Santo Antônio. O leme da natureza humana é o alvedrio[7], o Piloto é a razão: mas quão poucas vezes obedecem à razão os ímpetos precipitados do alvedrio? Neste leme, porém, tão desobediente e rebelde, mostrou a língua de Antônio quanta força tinha, como Rémora, para domar e parar a fúria das paixões humanas. Quantos, correndo Fortuna na Nau Soberba[8], com as velas inchadas do vento e da mesma soberba (que também é vento), se iam desfazer nos baixos, que já rebentavam por proa, se a língua de Antônio, como Rémora não tivesse mão no leme, até que as velas se amainassem, como mandava a razão, e cessasse a tempestade de fora e a de dentro? Quantos, embarcados na Nau Vingança[9], com a artilharia abocada e os botafogos acesos, corriam enfunados a dar-se batalha, onde se queimariam ou deitariam a pique, se a Rémora da língua de Antônio lhes não detivesse a fúria[10], até que, composta a ira e ódio, com bandeiras de paz se salvassem amigavelmente? Quantos, navegando na Nau Cobiça[11], sobrecarregada até às gáveas[12] e aberta com o peso por todas as costuras, incapaz de fugir, nem se defender, dariam nas mãos dos Corsários com perda do que levavam e do que iam buscar, se a língua de Antônio os não fizesse parar, como Rémora, até que, aliviados da carga injusta, escapassem do perigo e tomassem porto? Quantos, na Nau Sensualidade[13], que sempre navega com cerração, sem Sol de dia, nem Estrelas de noite, enganados do canto das Sereias[14] e deixando-se levar da corrente[15], se iriam perder cegamente, ou em Cila ou em Caríbdis[16], onde não aparecesse Navio nem navegante, se a Rémora da língua de Antônio os não contivesse, até que esclarecesse a luz e se pusessem em vista? Esta é a língua, peixes, do vosso grande Pregador, que também foi rémora vossa, enquanto o ouvistes; e porque agora está muda (posto que ainda se conserva inteira)[17] se vêem e choram na terra tantos naufrágios.

[1] "Rêmora" – Denominação comum a vários peixes da família dos equeneídeos dos mares quentes. O rêmora apresenta uma ventosa discoide sobre a cabeça com que adere a outros peixes cetáceos e até em embarcações. É o peixe "pegador", "agarrador" propriedade que deixa-o ser levado por outro peixe ou por embarcações. É um peixe-piolho.

[2] "No dia de um Santo Menor". Ordem dos Frades menores a que pertenciam Santo Antônio e São Francisco.

³ "nem ir por diante?" Na época, é possível que se pensasse que a rêmora pudesse dificultar a movimentação das embarcações.

⁴ 'São Gregório Nazianzeno" – Santo, teólogo, padre da Igreja grega, amigo de São Basílio. Estudou e viveu em Alexandria, em Cesareia e em Atenas. Bispo de Constantinopla onde presidiu o segundo concílio Ecumênico (381). É festejado em 1º de janeiro.

⁵ "omnia vincit" – A língua é na verdade pequena, mas, forte que é, vence tudo.

⁶ "O apostolo Santiago" – Tiago, o menor, apóstolo de Jesus, apedrejado por volta do ano 62. Não confundir com o Tiago, o maior cujas relíquias são veneradas em Compostela – Espanha.

⁷ "alvedrio" – livre arbítrio.

⁸ "Nau soberba" – Soberba porque as velas vêm inchadas pelo vento. É uma metáfora – Fala-se dos perigos do orgulho.

⁹ "nau vingança" – simboliza os irados, os furiosos, os odiosos.

¹⁰ "... se a Rêmora da Língua de Santo Antônio lhes não detivesse a fúria..." – Assim, como a rêmora detém o navio, a língua de Santo Antônio detém a fúria e o ódio.

¹¹ "Nau cobiça..." símbolo da ambição e glória desenfreadas.

¹² "gáveas" – guaritas que se colocam nos mastros.

¹³ "Nau sensualidade" – os prazeres da carne capazes de perverter o mundo.

¹⁴ "enganados do canto das sereias" – passiva regida pela preposição ("de"); equivale a "enganados pelo canto das sereias.

¹⁵ "... deixando-se levar da corrente" – deixando-se levar pela corrente.

¹⁶ "em Cila ou em Caríbdis". Cila e Caríbdis – penhascos do estreito de messina. Assemelham-se ao Cabo da Boa Esperança, já que nestes sítios registram-se muitos naufrágios, provocados por redemoinhos. Leia este trecho do Sermão de Santo Antônio: "Dorme no meio do mar quem entorpece nas ondas dos pensamentos e na amargura dos pecados. Assemelha-se a um piloto sonolento, que, perdido o leme, isto é, o governo da razão da sua vida, leva o barco para Caríbdis da morte eterna".

¹⁷ "(posto que ainda se conserva inteira)" – Conserva-se até hoje, íntegra, a língua de Santo Antônio na Basílica de Santo Antônio – na cidade de Pádua.

¶ 3
Mas para que da admiração de uma tão grande virtude vossa passemos ao louvor, ou inveja de outra não menor, admirável é igualmente a qualidade daqueloutro peixezinho a que os Latinos chamaram torpedo[1]. Ambos estes peixes conhecemos cá mais de fama que de vista; mas isto têm as virtudes grandes[2], que quanto são maiores mais se escondem. Está o pescador com a cana na mão, o anzol no fundo e a bóia sobre a água, e, em lhe picando na isca o Torpedo, começa a lhe tremer o braço. Pode haver maior, mais breve e mais admirável efeito? De maneira que num momento passa a virtude do peixezinho da boca ao anzol, do anzol à linha, da linha à cana e da cana ao braço do pescador. Com muita razão disse que este vosso louvor o havia de referir com inveja. Quem dera aos pescadores do nosso elemento ou quem lhes pusera esta qualidade tremente em tudo o que pescam na terra! Muito pescam, mas não me espanto do muito: o que me espanta é que pesquem tanto e que tremam tão pouco. Tanto pescar e tão pouco tremer? Pudera-se fazer problema: onde há mais pescadores e mais modos e traças[3] de pescar, se no mar

ou na terra? E é certo que na terra. Não quero discorrer por eles, ainda que fora grande consolação para os peixes: baste fazer a comparação com a cana, pois é o instrumento do nosso caso. No mar pescam as canas, na terra, as varas (e tanta sorte de varas[4]): pescam as ginetas, pescam as bengalas, pescam os bastões, e até os ceptros pescam, e pescam mais que todos, porque pescam Cidades e Reinos inteiros. Pois é possível que pescando os homens cousas de tanto peso, lhes não trema a mão e o braço?[5] Se eu pregara aos homens e tivera a língua de Santo Antônio, eu os fizera tremer. Vinte e dois pescadores destes se acharam acaso a um Sermão de Santo Antônio, e às palavras do Santo os fizeram tremer a todos de sorte que todos tremendo, se lançaram a seus pés[6], todos tremendo confessaram seus furtos, todos tremendo, restituíram o que podiam (que isto é o que faz tremer mais neste pecado que nos outros), todos enfim mudaram de vida e de ofício e se emendaram.

[1] "Torpedo" – Peixe que se caracteriza em produzir uma descarga elétrica para se defender quando atacado. É chamado também tremelga.

[2] "mas isto têm as virtudes grandes". Observe que, com o verbo ter no plural, o sujeito da oração só pode ser as grandes virtudes. Então, "as grandes virtudes têm isto".

[3] "traças" – manhas, ardis, artimanhas, maquinações.

[4] "e tanta sorte de vara..."
"no mar pescam as canas, na terra pescam as varas'". A cana também é vara. Porém "vara" no texto, tem sentido de poder. O orador cita em seguida as varas do poder: gineta (poder militar), bengala (poder burguês), bastão (poder da nobreza) e ceptro (poder dos reis). A própria palavra "vara" que é o gênero de todas, refere-se também ao poder dos juízes.

⁵ "... é possível que, pescando os homens cousas de tanto peso, lhes não trema a mão e o braço". O pescador quando pesca o torpedo, sente tremerem-lhe a mão e o braço. Como é possível que estes poderes cá na terra (juízes, militares, comerciantes, nobres e reis) pesquem cidades e reinos inteiros sem tremerem-lhes o braço e a mão? Como é possível roubar tanto, impassivelmente? Observe: "... lhes não trema a mão e o braço?". Embora o sujeito é composto (mão e braço), o verbo ficou no singular. É possível a concordância quando o sujeito composto estiver posposto ao verbo.

⁶ "... todos tremendo se lançaram a seus pés..." Santo Antônio, em célebre Sermão, converte 22 ladrões, que, de pronto, restituíram o que haviam roubado. Santo Antônio os fez tremerem.

¶ 4

Quero acabar este discurso dos louvores e virtudes dos peixes com um, que não sei se foi ouvinte de Santo Antônio e aprendeu dele a pregar. A verdade é que me pregou a mim[1], e se eu fora outro também me convertera[2]. Navegando daqui para o Pará (que é bem não fiquem de fora os peixes da nossa costa), vi correr pela tona da água de quando em quando, a saltos, um cardume de peixinhos que não conhecia; e como me dissessem que os Portugueses lhe chamavam Quatro-Olhos[3], quis averiguar ocularmente a razão deste nome, e achei que verdadeiramente tem quatro olhos, em tudo cabais e perfeitos. Dá graças a Deus, lhe disse, e louva a liberalidade de sua divina Providência para contigo; pois às Águias, que são os linces[4] do ar, deu somente dois olhos, e aos linces, que são as águias da terra[5], também dois; e a ti, peixezinho, quatro. Mais me admirei ainda, considerando nesta maravilha a circunstância do lugar. Tantos instrumentos de vista a um bichinho do mar, nas praias daquelas mesmas terras vastíssimas[6], onde permite Deus que estejam vivendo em cegueira[7] tantos milhares de gentes[8] há tantos séculos? Oh quão altas e incompreensíveis são as razões de Deus, e quão profundo o abismo de seus juízos!

¹ "A verdade é que me pregou a mim...". Elegante pleonasmo. Objeto indireto pleonástico – me/ a mim.

² "e se eu fora outro também me convertera". E se eu fosse outro também me converteria.

³ "Quatro-Olhos" – peixe comum nos rios do Brasil, de olhos salientes. A saliência dos olhos permite-lhes, à superfície, enxergar dentro da água e fora dela ao mesmo tempo.

⁴ "lince" – mamífero carnívoro félida ao qual se atribui uma vista muito penetrante – Ter olhos de lince – ter ótima visão. Também é denominado "lobo cerval". Animal vigoroso e ágil.

⁵ "Águias... linces do ar. Linces águia da terra". Observe o quiasmo – disposição cruzada da ordem das partes simétricas de duas frases, resultando, no caso, uma antítese.

⁶ "terra vastíssimas" – amazonas.

⁷ "em cegueira" – na ignorância – sem o contacto com o cristianismo.

⁸ "milhares de gentes". Os índios. O orador faz referência aos índios da floresta amazônica afastados do cristianismo.

¶ 5
Filosofando pois sobre a causa natural desta Providência, notei que aqueles quatro olhos estão lançados um pouco fora do lugar ordinário, e cada par deles, unidos como os dois vidros de um relógio de areia, em tal forma que os da parte superior olham direitamente para cima e os da parte inferior direitamente para baixo. E a razão desta nova arquitectura é porque estes peixinhos, que sempre andam na superfície da água, não só são perseguidos dos outros peixes maiores do mar¹, senão também de grande quantidade de aves marítimas

que vivem naquelas praias; e, como têm inimigos no mar e inimigos no ar, dobrou-lhes a Natureza as sentinelas e deu-lhes dois olhos que direitamente olhassem para cima, para se vigiarem das aves, e outros dois que direitamente olhassem para baixo, para se vigiarem dos peixes. Oh que bem informara estes quatro olhos uma Alma racional[2], e que bem empregada fora neles, melhor que em muitos homens! Esta é a pregação que me fez aquele peixezinho[3], ensinando-me que, se tenho Fé e uso da razão, só devo olhar direitamente para cima, e só direitamente para baixo: para cima, considerando que há Céu, e para baixo, lembrando-me que há Inferno. Não me alegou para isso passo da Escritura; mas então me ensinou o que quis dizer David em um, que eu não entendia: *Averte oculos meos, ne videant vanitatem*[4]. Voltai-me, Senhor, os olhos, para que não vejam a vaidade. Pois David não podia voltar os seus olhos para onde quisesse? Do modo que ele queria, não. Ele queria voltados os seus olhos, de modo que não vissem a vaidade, e isto não o podia fazer neste Mundo, para qualquer parte que voltasse os olhos, porque neste mundo tudo é vaidade: *Vanitas vanitatum, et omnia vanitas*[5]. Logo, para não verem os olhos de David a vaidade, havia-lhos de voltar Deus[6] de modo que só vissem e olhassem para o outro mundo em ambos seus hemisférios; ou para o de cima, olhando direitamente só para o Céu, ou para o de baixo, olhando direitamente só para o Inferno. E esta é a mercê que pedia a Deus aquele grande Profeta, e esta a doutrina que me pregou aquele peixezinho tão pequeno[7].

[1] "perseguidos de outros peixes maiores do mar" – agente da passiva regido pela preposição "de".

[2] "Oh que bem informara estes quatro olhos uma alma racional..." Oh de que maneira uma alma racional pode explicar estes quatro olhos.

[3] "Esta é a pregação que me fez aquele peixezinho..." A partir daqui o orador anuncia as lições que tira do peixe quatro-olhos.

⁴ "Averte óculos meos, ne videant vanitatem" – Salmo de David 117, 37.

⁵ "Vanitas vanitatum, et omnia vanitas". Vaidades das vaidades, tudo é vaidade. Eclesiastes, 1, 2.

⁶ "havia-lhos de voltar Deus..." – ou seja – Deus havia de voltar os olhos de David – cruzamento de lhe + os = lhos – os (os olhos) lhe (David).

⁷ "E esta é a mercê que pedia a Deus aquele Profeta, e esta a doutrina que me pregou aquele peixezinho tão pequeno" – E este é o favor que David pedia a Deus e esta é doutrina que o peixezinho quatro-olhos me pregou.

¶ 6

Mas ainda que o Céu e o Inferno se não fez1 para vós, irmãos peixes, acabo e dou fim a vossos louvores, com vos dar as graças do muito que ajudais a ir ao Céu, e não ao Inferno, os que se sustentam de vós. Vós sois os que sustentais as Cartuxas e os Buçacos2, e todas as santas famílias3 que professam mais rigorosa austeridade; vós os que a todos os verdadeiros Cristãos ajudais a levar a penitência das Quaresmas4; vós aqueles com que o mesmo Cristo festejou a Páscoa5, as duas vezes que comeu com seus Discípulos depois de ressuscitado. Prezem-se as aves e os animais terrestres de fazer esplêndidos e custosos os banquetes dos ricos, e vós gloriai-vos de ser companheiros do jejum e da abstinência dos justos. Tendes todos quantos sois tanto parentesco e simpatia com a virtude, que, proibindo Deus no jejum a pior e mais grosseira carne, concede o melhor e mais delicado peixe. E posto que6 na semana só dois se chamam vossos7, nenhum dia vos é vedado. Um só lugar vos deram os Astrólogos entre os Signos celestes8, mas os que só de vós se mantêm na terra são os que têm mais seguros os lugares do Céu. Enfim, sois criaturas daquele elemento cuja fecundidade entre todos é própria do Espírito Santo: Spiritus Domini foecundabat aquas.

¹ "... o Céu e o Inferno se não fez para vós..." Rigorosamente o verbo "fazer" deveria estar no plural, já que o sujeito é composto (Céu e Inferno). A partícula "se" apassiva o verbo. O Céu e o Inferno não foram feitos para vós.

² "... as Cartuxas e os Buçacos". As Cartuxas – ordem religiosa de vida contemplativa, fundada por São Bruno em 1086 – na França. Os Buçacos – o nome da serra portuguesa dá o nome a esta ordem religiosa, contemplativa e austera, fundada no século XII.

³ "e todas as santas famílias que professam mais rigorosa austeridade". Se as famílias são santas e professam austeridade só podem ser as ordens religiosas.

⁴ "Vós o que a todos... ajudais a levar penitência das Quaresmas". Os peixes ajudam a levar a penitência, porque, na Quaresma se come peixe.

⁵ "Cristo festejou a sua Páscoa". Na Santa Ceia, nos diz o orador, Cristo festejou-a com peixe.

⁶ "E posto que...". E ainda que.

⁷ "na semana só dois se chamam vossos...". Até o começo do século XX, se comia carne nas sextas-feiras e nos sábados. Então era permitido comer peixe todos os dias.

⁸ "um só lugar vos deram os Astrólogos entre os signos celestes". O signo de Peixes.

⁹ "Spiritus Domini Foecundabat aquas". O Espírito do Senhor fecunda as águas – Gênesis 1-5.

¶ 7

Deitou-vos Deus a bênção, que crescêsseis e multiplicásseis[1]; e, para que o Senhor vos confirme essa bênção, lembrai-vos de não faltar aos pobres com o seu remédio. Entendei que no sustento dos pobres tendes seguros os vossos aumentos. Tomai o exemplo nas irmãs sardinhas[2]: Porque cuidais que as multiplica o Criador em número tão inumerável? Porque são sustento de pobres. Os Solhos e os Salmões[3] são muito contados, porque servem à mesa dos Reis e dos poderosos; mas o peixe que sustenta a fome dos pobres de Cristo, o mesmo Cristo o multiplica[4] e aumenta. Aqueles dois peixes companheiros dos cinco pães do Deserto multiplicaram tanto que deram de comer a cinco mil homens[5]. Pois se peixes mortos que sustentam os pobres multiplicam tanto, quanto mais e melhor o farão os vivos. Crescei, peixes, crescei e multiplicai, e Deus vos confirme a sua bênção.

[1] "Deitou-vos Deus a bênção, que crescêsseis e multiplicásseis". A oração subordinada tem valor de finalidade – adverbial final. Deitou-vos Deus a bênção a fim de que crescêsseis e multiplicásseis.

[2] "irmãs sardinhas" – Lembremos que os franciscanos... e entre eles Santo Antônio... chamavam irmãos a todos os animais.

[3] "Solhos e Salmões". Solho (linguado) – Salmão (peixe de cor avermelhada).

[4] "mas o peixe... o mesmo Cristo o multiplica...". Observe o pleonasmo, expresso pelo objeto direto pleonástico. Dois objetos diretos – peixe e "o" – pronome no lugar do peixe.

[5]

O orador faz referência ao milagre da multiplicação de pães e peixes, narrado no novo Evangelho.

Comentários ao Terceiro Capítulo
Confirmação

A confirmação inicia-se, no primeiro parágrafo, precisamente onde diz: "Ah moradores do maranhão...".
No primeiro parágrafo do Capítulo III, o orador passa dos louvores que faz geral aos peixes aos louvores que faz em particular. Louva, no sentido da oração, o peixe de Tobias, o Rêmora, o Torpedo e o Quatro-olhos. O peixe de Tobias é aquele narrado pelo Antigo Testamento. Tem virtudes que devem ser louvadas: o fel é bom para curar a cegueira, e o coração é bom para lançar fora os Demônios. Com efeito, ambas as virtudes foram confirmadas. O pai de Tobias que era cego, recobrou inteiramente a vista. O coração do peixe queimado afastou o Demônio Asmodeu. Santo Antônio também fez o que fez o peixe de Tobias, abrindo a boca contra os hereges: alumia e cura as cegueiras e lança os demônios fora de casa.
O Rêmora também tem virtudes: embora pequeno de corpo, é tão grande na força e no poder. O rêmora se apega ao leme de uma nau e a prende e a amarra mais que a própria âncora. A Língua de Santo Antônio deteve a fúria da Nau Soberba (orgulho), da Nau Vingança (cólera, ira), da Nau Sensualidade (os prazeres mundanos desgarrados), da Nau Cobiça (ambição desmedida).
Assim como o rêmora detém as Naus, a língua de Santo Antônio detém a fúria dos hereges e pecadores.
O Torpedo, defendendo-se dos agressores com uma descarga elétrica, faz tremer a mão do pescador que segura a vara de pescar. Também na terra se pesca com vara, e as varas são ginetas, bengala, bastão e ceptro. Símbolo dos poderes. A vara é o símbolo do poder judicial; a gineta, do poder militar; e a bengala, do poder burguês; o bastão, do poder nobre; o ceptro, do poder real. Eis o paradoxo: O torpedo é peixe pequeno e faz tremer seu predador. No entanto, os poderes judicial, militar, burguês, nobre e real pescam até cidades e reinos inteiros e estes não conseguem fazer tremer seus pescadores.
A Língua de Santo Antônio fez tremer vinte e dois pescadores; estes

confessaram seus furtos, restituíram o que roubaram, mudaram de vida e se emendaram.

O quatro-olhos tem virtudes. Às águias e aos linces Deus deu dois olhos; a estes peixinhos Deus deu quatro-olhos. Nadando na superfície d'água, com dois olhos olham para cima, defendendo-se das aves de rapina. Com os outros dois olham para baixo, defendendo-se dos peixes devoradores. Estes peixes ensinaram o orador a olhar para cima e para baixo ou seja para o céu e para o inferno.

No penúltimo parágrafo, Vieira dá fim aos seus louvores. Louvou os peixes em geral e, neste capítulo, em particular. Os peixes ajudaram a prática da penitência: alimenta os míticos, é o alimento da Quaresma, alimentou o próprio Cristo na Ceia da Páscoa, é o alimento dos pobres, é o alimento permitido nos dias de jejum e abstinência. Os astrólogos só deram a um período o signo de peixes mas aqueles que os peixes alimentam, têm seguramente os lugares do céu. O Gênesis anunciou "Spiritus Domini foecundat aquas". O Espírito do Senhor fecundava as águas. Os mares e rios, fecundados pelo Espírito Santo, guardaram em seu seio a infinidade de peixes "Deitou-vos Deus a bênção, que crescêsseis e multiplicásseis". As sardinhas multiplicam-se mais que os linguados e salmões, porque são alimentos do pobre. Cristo multiplicou de tal forma dois peixes, que alimentaram cinco mil pessoas. Se assim multiplicou os peixes mortos, imaginemos como deve multiplicar os peixes vivos.

Capítulo IV
Dez parágrafos

¶ 1
Antes, porém, que vos vades, assim como ouvistes os vossos louvores, ouvi também agora as vossas repreensões[1]. Servir-vos-ão de confusão, já que não seja de emenda. A primeira cousa que me desedifica[2], peixes, de vós, é que vos comeis uns aos outros[3]. Grande escândalo é este, mas a circunstância o faz ainda maior. Não só vos comeis uns aos outros, senão que os grandes comem os pequenos. Se fora pelo contrário[4], era menos mal. Se os pequenos comeram os grandes, bastara um grande para muitos pequenos[5]; mas, como os grandes comem os pequenos, não bastam cem pequenos, nem mil, para um só grande. Olhai como estranha isto Santo Agostinho[6]. *Homines pravis, perversisque cupiditatibus facti sunt veluti pisces invicem se devorantes*[7]. Os homens, com suas más e perversas cobiças, vêm a ser como os peixes, que se comem uns aos outros. Tão alheia coisa é, não só da razão mas da mesma natureza que, sendo todos criados no mesmo elemento, todos cidadãos da mesma pátria e todos finalmente irmãos, vivais de vos comer. Santo Agostinho, que pregava aos homens, para encarecer a fealdade deste escândalo, mostrou-lho nos peixes; e eu, que prego aos peixes, para que vejais quão feio e abominável é, quero que o vejais nos homens[8]. Olhai, peixes, lá do mar para a terra. Não, não: não é isso o que vos digo. Vós virais os olhos para os matos e para o sertão? Para cá, para cá; para a Cidade é que haveis de olhar. Cuidais que só os Tapuias[9] se comem uns aos outros; muito maior açougue é o de cá[10], muito mais se comem os brancos. Vedes vós todo aquele bulir, vedes todo aquele andar, vedes aquele concorrer às praças e cruzar as ruas; vedes aquele subir e descer as calçadas, vedes aquele entrar e sair sem quietação nem sossego? Pois tudo aquilo é andarem buscando os homens como hão-de comer e como se hão-de comer[11].

¹ "... ouvi também agora as vossas repreensões...". Inicia aqui as repreensões aos peixes. Antes, cuidou o orador de elogiar as virtudes dos peixes, quer de maneira geral, quer especificamente como fez com o peixe de Tobias, o rêmora, o torpedo e o quatro-olhos. Agora, preparem-se os peixes para ouvirem as repreensões.

² "que me desedifica" – verbo desedificar, escandalizar, causar aversão de ordem moral.

³ "que vos comeis uns aos outros". Objeto direto pleonástico.

⁴ "Se fora pelo contrário". Se fosse pelo contrário.

⁵ "Se os pequenos comeram os grandes, bastara um grande para muitos pequenos". Se os pequenos comessem os grandes, bastaria um grande para muitos pequenos.

⁶ "Santo Agostinho" – Bispo de Hipona, filho de Santa Mônica (354 – 430). Foi atraído à vida religiosa por Santo Ambrósio. É o mais célebre padre da Igreja Católica. Professor de retórica, opôs-se ao maniqueísmo, ao donatismo e ao pelagianismo. Escreveu "A Cidade de Deus" e "Confissões".

⁷ "... pisces invicem se devorantes". O orador, ele mesmo, traduz a citação de Santo Agostinho: "Os homens, com suas más e perversas cobiças, vêm a ser como os peixes, que se comem uns aos outros".

⁸ "Santo Agostinho, que pregava aos homens, para encarecer a fealdade desse escândalo, mostrou-lho nos peixes; e eu, que prego aos peixes, para que vejais quão feio e abominável é, quero que o vejais nos homens". Observe o quiasmo: pregava aos homens... mostrou... nos peixes; prego aos peixes... quero que vejais nos homens.
Mostrou-lho: mostrou nos peixes a fealdade desse escândalo aos ho-

mens. Quero que o vejais: quero que vejais nos homens quão feio e abominável é.

[9] "Tapuias" – Grupo de indígenas que habita o norte do Brasil, resultante da fusão dos xavantes com os caipós.

[10] "muito maior açougue é o de cá". Muito maior de cá é a matança, o matadouro, a carnificina.

[11] "como hão de comer e como se hão de comer". Como hão de comer um outro homem e como os homens se hão de comer uns aos outros.

¶ 2
Morreu algum deles, vereis logo tantos sobre miserável a despedaçá-lo e comê-lo. Comem-no os herdeiros[1], comem-no os testamenteiros, comem-no os legatários[2], comem-no os credores: comem-no os oficiais dos órfãos, e os dos defuntos e ausentes; comem-no o Médico, que o curou ou ajudou a morrer, come-o o sangrador, que lhe tirou o sangue, come-o a mesma mulher, que de má vontade lhe dá para mortalha o lençol mais velho da casa, come-o o que lhe abre a cova, o que lhe tange os sinos, e os que cantando o levam a enterrar; enfim, ainda ao pobre defunto o não comeu a terra, e já o tem comido toda a terra[3]. Já se os homens se comeram somente depois de mortos, parece que era menos horror e menos matéria de sentimento. Mas, para que conheçais a que chega a vossa crueldade, considerai, peixes, que também os homens se comem vivos assim como vós. Vivo estava Job[4], quando dizia: *Quare persequimini me, et carnibus méis saturamini?*[5] Porque me perseguis tão desumanamente, vós, que me estais comendo vivo, e fartando-vos da minha carne? Quereis ver um Job destes? Vede um homem desses que andam perseguidos de pleitos[6] ou acusados de crimes, e olhai quantos o estão comendo. Come-o o Meirinho[7], come-o o Carcereiro, come-

-o o Escrivão, come-o o Solicitador, come-o o Advogado, come-o o Inquiridor, come-o a Testemunha, come-o o Julgador, e ainda não está sentenciado, e já está comido. São piores os homens que os corvos. O triste que foi à forca não o comem os corvos[8] senão depois de executado e morto; e o que anda em juízo ainda não está executado, nem sentenciado e já está comido[9].

[1] "Comem-no os herdeiros". Os herdeiros comem o homem que morreu. Observe ambos os sentidos do verbo "comer". Comer – devorar como faziam os índios tapuias. Comer – explorar, roubar, extorquir, - como fazem os homens nas circunstâncias que seguem. Ao duplo sentido de uma palavra dá-se o nome de polissemia.

[2] "Comem-no os legatários". Aqueles a quem o testador legou todos os seus bens disponíveis comem o homem que morreu.

[3] "ainda ao pobre defunto o não comeu a terra, e já o tem comido toda a terra". Observe:
- o objeto direto preposicionado – "ao pobre defunto".
- o objeto direito pleonástico – "o" não comeu.
- a polissemia do verbo comer
Comeu – devorou, incorporou
Comido – roubado, furtado, extorquido.
- a polissemia do substantivo terra
a terra – solo, chão, sepultura
toda a terra – todos os homens que habitam a terra –
"ao pobre defunto o não comeu a terra".

Na ordem direita:
A terra não comeu o pobre defunto. Contudo o autor quer iniciar a oração com a palavra chave do tema: "pobre defunto". A simples inversão daria outro sentido: o pobre defunto não comeu a terra. Pode o autor usar de alguns recursos para inverter a frase sem prejuízo do sentido.

a) a concordância verbal
O pobre defunto não comeram os corvos.
b) a vírgula.
O pobre defunto, não comeu a terra.
c) o objeto direto pleonástico.
O pobre defunto o não comeu a terra.
d) o objeto direto preposicionado
Ao pobre defunto não comeu a terra.
e) o objeto direto pleonástico e preposicionado
Ao pobre defunto o não comeu a terra.

[4] "Job" – personagem bíblico, patriarca célebre por sua piedade, paciência e resignação. Tendo perdido tudo o que tinha, nunca desacreditou no Senhor. O Livro de Job é um texto dramático.

[5] "... et carnibus meis saturamini?". O próprio orador traduz o texto de Job: Por que me perseguis e vos fartais da minha carne?

[6] "perseguidos de pleitos". Perseguidos de processos ou inquéritos judiciais, perseguidos pelos poderes.

[7] "Come-o o Meirinho". O oficial de justiça como este homem perseguido de pleito.

[8] "O triste não o comem os corvos". Leia a nota 3.

[9] "e já está comido". Observe a polissemia do verbo comer. Não o comem os corvos - devorar. Já está comido – roubado – furtado – extorquido.

¶ 3
E para que vejais como estes comidos na terra são os pequenos, e pelos mesmos modos com que vós vos comeis no mar, ouvi a Deus queixando-se deste pecado: *Nonne cognoscent omnes, qui operantur*

iniquitatem, qui devorant plebem meam, ut cibum panis?[1] Cuidais, diz Deus, que não há-de vir tempo em que conheçam e paguem o seu merecido aqueles que cometem a maldade? E que maldade é esta, à qual Deus singularmente chama a maldade, como se não houvera outra no mundo? E quem são aqueles que a cometem? A maldade é comerem-se os homens uns aos outros, e os que a cometem são os maiores, que comem os pequenos: *Qui devorant plebem meam, ut cibus panis*[2]. Nestas palavras, pelo que vos toca, importa, peixes, que advirtais muito outras tantas coisas quantas são as mesmas palavras. Diz Deus que comem os homens não só o seu povo, senão declaradamente a sua plebe[3]: *Plebem meam*, porque a plebe e os plebeus, que são os mais pequenos, os que menos podem, e os que menos avultam na República, estes são os comidos. E não só diz que os comem de qualquer modo, senão que os engolem e os devoram: *Qui devorant*. Porque os grandes, que têm o mando das Cidades e das Províncias, não se contenta a sua fome de comer os pequenos um por um, ou poucos a poucos, senão que devoram e engolem os povos inteiros: *Qui devorant plebem meam*. E de que modo os devoram e comem? Ut cibum panis: não como os outros comeres, senão como pão. A diferença que há entre o pão e os outros comeres é que para a carne, há dias de carne, e para o peixe, dias de peixe; e para as frutas, diferentes meses no ano; porém, o pão é comer de todos os dias, que sempre e continuadamente se come. E isto é o que padecem os pequenos. São o pão cotidiano dos grandes: e assim como o pão se come com tudo, assim com tudo e em tudo são comidos os miseráveis pequenos, não tendo nem fazendo ofício em que os não carreguem, em que os não multem, em que os não defraudem, em que os não comam, traguem e devorem[4]: *Qui devorant plebem meam, ut cibum panis*. Parece-vos bem isto, peixes? Representa-se-me que com o movimento das cabeças estais todos dizendo que não, e com olhardes uns para os outros vos estais admirando e pasmando de que entre os homens haja tal injustiça e maldade! Pois isto mesmo é o que vós fazeis. Os maiores comeis os pequenos[5]; e os muito grandes não só os comem um por um, senão os cardumes inteiros, e isto continuadamente, sem diferença de tempos, não só de dia, senão também de noite, às claras e às escuras, como também fazem os homens.

¹ "... ut cibum panis?" Por ventura não sabem todos os que praticam o mal que devoram o meu povo como quem come pão? Salmo de David 13/4.

² "ut cibum panis" – ver nota 1.

³ "... comem os homens não só o seu povo senão... a sua plebe". Comem os homens não só o seu povo mas... a sua plebe.

⁴ "... que os não comam, traguem e devorem". Gradação ascendente.

⁵ "Os maiores comeis os pequenos". Silepse. O verbo comer (comeis) concorda, não com o sujeito expresso (os maiores), mas com o termo subentendido (vós, ó peixes). Rigorosamente seria: os maiores comem os pequenos.

¶ 4
Se cuidais, porventura, que estas injustiças, entre vós se toleram e passam sem castigos, enganais-vos. Assim como Deus as castiga nos homens, assim também por seu modo as castiga em vós. Os mais velhos, que me ouvis e estais presentes, bem vistes neste Estado, e quando menos[1] ouviríeis murmurar aos passageiros nas canoas e muito mais lamentar aos miseráveis remeiros[2] delas, que os maiores, que cá foram mandados, em vez de governar e aumentar o mesmo Estado, o destruíram, porque toda a fome que de lá traziam, a fartavam em comer e devorar os pequenos[3]. Assim foi. Mas, se entre vós se acham acaso alguns dos que, seguindo a esteira dos navios, vão com eles a Portugal, e tornam para os mares pátrios, bem ouviriam estes lá no Tejo que esses mesmos maiores, que cá comiam os pequenos, quando lá chegam, acham outros maiores que os comam também a eles[4]. Este

é o estilo da Divina Justiça, tão antigo e manifesto, que até os Gentios[5] o conheceram e celebraram:
Vos quibus rector maris, atque terrae
Jus dedit magnum necis, atque vitae;
Ponite inflatos, tumidosque vultus;
Quidquid a vobis minor extimescit,
Maior hoc vobis dominus minatur[6].

[1] "e quando menos ouvireis murmurar". E certamente ouvireis murmurar.

[2] "aos miseráveis remeiros delas". Aos miseráveis homens que remam as canoas. Os índios eram os remeiros de canoa.

[3] "e devorar os pequenos". Nesta passagem o orador fala da corrupção dos governantes do Maranhão.

[4] "... outros maiores que os comam também a eles". Objeto direto pleonástico.

[5] "que até os Gentios o conheceram". Para os antigos cristãos, quem não era cristão era pagão ou gentio. São Paulo foi o apóstolo dos gentios.

[6] "Maior hoc vobis Dominus minatur". Versos de Sêneca (8-65), escritor, poeta e pensador latino, extraídos de sua *Thyestes*.

Vós, a quem o governador do mar e da terra
Concedeu o magno direito de morte e vida
Baixai os rostos orgulhosos e soberbos
Pois tudo o que de vós teme o mais pequeno
Com isso mesmo vos ameaça um Senhor maior.

¶ 5

Notai, peixes, aquela definição de Deus: *Rector maris, atque terrae*[1]. Governador do mar e da terra; para que não duvideis que o mesmo estilo que Deus guarda com os homens na terra observa também convosco no mar. Necessário é logo que olheis por vós e que não façais pouco caso da doutrina que vos deu o grande Doutor da Igreja Santo Ambrósio, quando, falando convosco, disse: *Cave nedum alium insequeris, incidas in validiorem*[2]. Guarde-se o peixe que persegue o mais fraco para o comer, não se ache na boca do mais forte, que o engula a ele[3]. Nós o vemos aqui cada dia. Vai o Xaréu correndo atrás do Bagre[4], como o cão após a lebre[5], e não vê o cego que lhe vem nas costas o Tubarão, com quatro ordens de dentes, que o há-de engolir de um bocado[6]. É o que com maior elegância vos disse também Santo Agostinho: *Praedo minoris fit praeda maioris*[7]. Mas não bastam, peixes, estes exemplos para que acabe de se persuadir a vossa gula, que a mesma crueldade que usais com os pequenos tem já aparelhado o castigo na voracidade dos grandes[8].

[1] "Rector maris, atque terrae". O próprio orador traduz: Governador do mar e da terra.

[2] "Cave nedum alium insequeris, incitas in validiorem". Tem cuidado, não caias nas garras de um mais forte, quando persegues outro.

[3] "que o engula a ele". Objeto direto pleonástico.

[4] "Vai o Xaréu correndo atrás do Bagre". Xaréu e Bagre são peixes numerosos na costa nordestina do Brasil. Xaréu (peixe grande). Bagre (peixe pequeno). A ideia é: vai um peixe enorme perseguindo um peixe pequeno.

[5] "como o cão após a lebre". Como o cão que corre após a lebre correr. Paralelismo cão (charéu) – lebre (bagre).

⁶ "que há de engolir de um bocado". Eis a ordem da perseguição. Tubarão -> Xaréu -> Bagre. No parágrafo anterior já dissera outros maiores em Portugal ->
Governadores do Maranhão ->
índios, pobres, miseráveis.

⁷ "Praedo minoris fit praeda maioris". Quem aprisiona o mais fraco, torna-se vítima do mais forte.

⁸ "a mesma crueldade que usais com os pequenos tem já aparelhado o castigo na voracidade dos grandes". A mesma crueldade que usais com os pequenos tem já permitido o castigo na voracidade dos grandes.

¶ 6

Já que assim o experimentais com tanto dano vosso, importa que de aqui por diante sejais mais Repúblicos[1] e zelosos do bem comum, e que este prevaleça contra o apetite particular de cada um, para que não suceda que, assim como hoje vemos a muitos de vós tão diminuídos, vos venhais a consumir de todo. Não vos bastam tantos inimigos de fora e tantos perseguidores tão astutos e pertinazes, quantos são os pescadores, que nem de dia nem de noite deixam de vos pôr em cerco e fazer guerra por tantos modos?[2] Não vedes que contra vós se emalham e entralham as redes[3], contra vós se tecem as massas[4], contra vós se torcem as linhas, contra vós se dobram e farpam os anzóis, contra vós as fisgas[5] e os arpões? Não vedes que contra vós até as canas são lanças e as cortiças armas ofensivas? Não vos basta, pois, que tenhais tantos e tão armados inimigos de fora, senão que também vós de vossas portas adentro o haveis de ser mais cruéis, perseguindo-vos com uma guerra mais que civil e comendo-vos uns aos outros? Cesse, cesse já, irmãos peixes, e tenha fim algum dia esta tão perniciosa discórdia; e pois vos chamei e sois irmãos[6], lembrai--vos das obrigações deste nome. Não estáveis vós muito quietos, muito pacíficos e muito amigos todos, grandes e pequenos, quando vos pregava Santo Antônio? Pois continuai assim, e sereis felizes.

¹ "sejais mais Repúblicos". Sejais mais interessados nos assuntos políticos, mais conscientes, mais cuidadosos com o bem estar de todos. O sermão é todo ele simbólico. O orador quer que os peixes sejam mais repúblicos. Na verdade quer que o Governo do Maranhão seja mais repúblico.

² "e fazer guerra por tantos modos?". O orador faz referência à guerra contra a invasão dos holandeses no Brasil.

³ "contra vós se emalham e entralham as redes". A frase vale pela sonoridade. Emalhar – colher em malhas. Entralhar – tecer as malhas da rede.

⁴ "contra vós se tecem as massas". Massas são cestos de verga, de forma cônica, que se usam, tal qual assim fazem os asiáticos, para apanhar os peixes.

⁵ "contra vós as fisgas e os arpões". Arpões – o conjunto formado por um ferro em feitio de seta fixado a um cabo que se destina à caça submarina. Fisga – arpão em forma de garfo.

⁶ "e sois irmãos". Tal qual assim ensinam os franciscanos.

¶ 7
Dir-me-eis (como também dizem os homens) que não tendes outro modo de vos sustentar.¹ E de que se sustentam entre vós muitos que não comem os outros? O mar é muito largo, muito fértil, muito abundante, e só com o que bota às praias pode sustentar grande parte dos que vivem dentro nele². Comerem-se uns animais aos outros é voracidade e sevícia³, e não estatuto da Natureza. Os da terra e do ar, que hoje se comem, no princípio do mundo não se comiam, sendo assim conveniente e necessário para que as espécies de todos se multiplicassem. O mesmo foi (ainda mais claramente) depois do Dilúvio, porque tendo escapado somente dois de cada espécie, mal se po-

diam conservar se se comessem. E finalmente no tempo do mesmo Dilúvio, em que todos viveram juntos dentro na Arca, o lobo estava vendo o cordeiro, o gavião a perdiz, o leão o gamo[4], e cada um aqueles em que se costuma cevar; e se acaso lá tiveram essa tentação, todos lhe resistiram e se acomodaram com a ração do paiol[5] comum, que Noé lhes repartia. Pois se os animais dos outros elementos mais cálidos foram capazes desta temperança, porque o não serão os da água? Enfim, se eles em tantas ocasiões, pelo desejo natural da própria conservação e aumento, fizeram da necessidade virtude, fazei-o vós também; ou fazei a virtude sem necessidade e será maior virtude.

[1] "não tendes outro modo de vos sustentar". O invasor ou dominador sempre alegaram que suas vítimas não tinham outro modo de sobreviver. Assim alegavam os colonos do Maranhão quando escravizaram o negro e tentaram escravizar o índio. O domínio da Europa na África, Ásia e Oriente Médio usou do mesmo argumento.

[2] "vivem dentro nele". Vivem dentro dele.

[3] "é voracidade e sevícia". Voracidade e maldade, crueldade.

[4] "gamo" – animal asiático, semelhante ao veado, cauda comprida e a parte superior dos galhos achatada e palmada.

[5] "ração do paiol". Paiol – compartimento destinado à guarda ou ao armazenamento de alimentos.

¶ 8
Outra coisa muito geral, que não tanto me desedifica[1], quanto me lastima em muitos de vós, é aquela tão notável ignorância e cegueira que em todas as viagens experimentam os que navegam para estas partes. Toma um homem do mar um anzol, ata-lhe um pedaço de pano cortado e aberto em duas ou três pontas, lança-o por um cabo delgado até tocar na água, e, em o vendo, o peixe arremete cego a ele

e fica preso e boqueando², até que, assim suspenso no ar, ou lançado no convés, acaba de morrer. Pode haver maior ignorância e mais rematada cegueira que esta? Enganados por um retalho de pano, perder a vida? Dir-me-eis que o mesmo fazem os homens. Não vo-lo nego³. Dá um exército batalha contra outro exército, metem-se os homens pelas pontas dos piques⁴, dos chuços e das espadas, e porquê? Porque houve quem os engodou⁵ e lhes fez isca com dois retalhos de pano⁶. A vaidade entre os vícios é o pescador mais astuto e que mais facilmente engana os homens. E que faz a vaidade? Põe por isca nas pontas desses piques, desses chuços e dessas espadas dois retalhos de pano, ou branco, que se chama Hábito de Malta, ou verde, que se chama de Avis, ou vermelho, que se chama de Cristo e de Santiago⁷, e os homens, por chegarem a passar esse retalho de pano ao peito, não reparam em tragar e engolir o ferro. E depois disso que sucede? O mesmo que a vós. O que engoliu o ferro, ou ali, ou noutra ocasião, ficou morto, e os mesmos retalhos de pano tornaram outra vez ao anzol para pescar outros. Por este exemplo vos concedo, peixes, que os homens fazem o mesmo que vós, posto que me parece que não foi este o fundamento da vossa resposta ou escusa, porque cá no Maranhão, ainda que se derrame tanto sangue, não há exércitos, nem esta ambição de Hábitos.

¹ "que tanto me desedifica". Que não tanto me escandaliza.

² "e fica preso e boqueando". E fica preso e abrindo e fechando a boca, agonizando.

³ "não vo-lo nego". Não vos nego isto ou seja não vos nego que o mesmo fazem os homens.

⁴ "metem-se os homens pelas pontas dos piques". Metem-se os homens pelas pontas das lanças.

⁵ "Porque houve quem os engodou". Porque houve quem os enganou; fê-los cair no engano.

⁶ "e lhes fez isca com dois retalhos de pano". O orador faz referência aos panos de hábitos honoríficos, tais quais hábito de Cristo, hábito de malta, hábito de Santiago. Cada um era identificado pela sua cor. Era comum, na guerra entre cristãos e mouros, estes usarem hábito honorífico, atraindo os cristãos e matando-os mais facilmente. Daí a armadilha, a isca.

⁷ "branco, que se chama Hábito de Malta, ou verde, que se chama de Avis, ou vermelho, que se chama de Cristo e de Santiago". Ordens religiosas de cavaleiros medievais.

¶ 9

Mas nem por isso vos negarei que também cá se deixam pescar os homens pelo mesmo engano, menos honrada e mais ignoradamente. Quem pesca as vidas a todos os homens do Maranhão, e com quê? Um homem do mar com uns retalhos de pano. Vem um Mestre de Navio de Portugal com quatro varreduras¹ das lojas, com quatro panos e quatro sedas, que já se lhes passou a era e não têm gasto; e que faz? Isca com aqueles trapos aos moradores da nossa terra: dá-lhes uma sacadela² e dá-lhes outra, com que cada vez lhes sobe mais o preço; e os Bonitos, ou os que querem parecer, todos esfaimados aos trapos³, e ali ficam engasgados e presos, com dívidas de um ano para outro ano, e de uma safra para outra safra, e lá vai a vida. Isto não é encarecimento. Todos a trabalhar toda a vida⁴, ou na roça, ou na cana, ou no engenho, ou no tabacal⁵. E este trabalho de toda a vida, quem o leva?⁶ Não o levam os coches, nem as liteiras, nem os cavalos, nem os escudeiros, nem os pajens, nem os lacaios⁷, nem as tapeçarias, nem as pinturas nem as baixelas, nem as jóias; pois em que se vai e despende toda a vida? No triste farrapo com que saem à rua, e para isso se matam todo o ano.

¹ "varreduras das lojas". Restos das lojas, sobrados das lojas, retalhos das lojas.

² "dá-lhes uma sacadela". Dá-lhes um puxão tal qual faz o pescador com a vara; fisgar.

³ "todos esfaimados aos trapos". Todos famintos aos trapos. Todos (ficam) esfomeados (e) aos trapos.

⁴ "Todos a trabalhar toda a vida". Toda a vida equivale a vida toda. Diferente pois de toda vida. Observe: toda maçã, toda a maçã e a maçã toda.

⁵ "ou na cana, ou no engenho, ou no tabacal". Ou na plantação de açúcar, ou no engenho para produzir o açúcar ou nas plantações de tabaco.

⁶ "E este trabalho de toda a vida, quem os leva?". Retoricamente faz a pergunta. O próprio orador responde. Não é o dinheiro necessário para comprar coches, liteiras, cavalos... etc. Mas o dinheiro que se dispõe a pagar pelos restos de tecidos, farrapos que vêm da metrópole.

⁷ "lacaios". Criado que acompanha seu amo em passeio.

¶ 10

Não é isto, meus peixes, grande loucura dos homens com que vos escusais?¹ Claro está que sim; nem vós o podeis negar. Pois se é grande loucura esperdiçar a vida por dois retalhos de pano quem tem obrigação de se vestir, vós, a quem Deus vestiu do pé até à cabeça², ou de peles de tão vistosas e apropriadas cores, ou de escamas prateadas e douradas, vestidos que nunca se rompem nem gastam com o tempo, nem se variam ou podem variar com as modas; não é maior ignorância e maior cegueira deixardes-vos enganar ou deixardes-vos tomar pelo beiço com duas tirinhas de pano? Vede o vosso Santo Antônio, que pouco o pôde enganar o Mundo com essas vaidades. Sendo moço e nobre, deixou as galas de que aquela idade tanto se preza, trocou-as por uma loba de sarja e uma correia de Cónego Regrante, e, depois que se viu assim vestido, parecendo-lhe que ainda era muito custosa aquela mortalha, trocou a sarja pelo burel e a correia pela corda³. Com aquela corda e com aquele pano pescou ele muitos, e só estes se não enganaram, e foram sisudos.

¹ "com que vos escusais?". Com que vos desculpais.

² "a quem Deus vestiu do pé até a cabeça". Consultar o Novo Testamento: olhai os lírios dos campos. Mateus 6/28:
E por que andais vós solícitos pelo vestido? Considerai como crescem os lírios do campo: eles não trabalham nem fiam. Digo-vos mais que nem Salomão em toda sua glória se cobriu jamais como um destes.

³ "e, depois que se viu assim vestido, parecendo-lhe que ainda era muito custosa aquela mortalha, trocou a sarja pelo burel e a correia pela corda". O orador faz alusão às roupas de Santo Antônio. Roupas rudes e grosseiras. Santo Antônio trocou as galas por uma roupa grosseira eclesiástica (loba de sarja) e por uma correia de Cônego Regrante (os seguidores de Santo Agostinho que usavam uma correia de coura à cintura). Depois o Santo trocou a roupa grosseira (loba de sarja) por outra mais grosseira (burel) e trocou a correia pela corda (os agostinianos usavam correia de couro. Os franciscanos, um cordão. Santo Antônio mudou de agostiniano para franciscano. Ainda mais humilde na vida e roupagem).

Comentário ao Quarto Capítulo

Nos capítulos anteriores, Vieira louva os peixes e exalta algumas de suas qualidades. Neste capítulo, o orador vai criticar os peixes, descrevendo e narrando seus defeitos. Cuida aqui de tomar os defeitos em sentido geral, sem descer à espécie de cada peixe. Os defeitos especiais, o orador vai narrar no capítulo que segue. Aqui fiquemos com os defeitos gerais. Defeito que escandaliza o orador: "é que vós comeis uns aos outros". Pior: "os grandes comem os pequenos". Não nos esqueçamos que o Sermão é todo simbólico. É preciso passar dos peixes à condição humana. Se os homens pobres e miseráveis comessem um "tubarão" do sistema financeiro mundial, seria menos mal. Bastaria um para alimentar milhões. Mas como é o "tubarão" financeiro que come o pobre, são precisos milhões de pobres para sustentar um "tubarão" financeiro. O orador quer provar sua tese e pede, então, aos peixes que olhem do mar para a terra. Não olhem para o Sertão onde os índios antropófagos comem os humanos. Olhem para a cidade, para as ruas, para a praça, para o mercado, para o Sistema Bancário e Financeiro. O que os peixes hão de ver? Verão que na cidade, como também, os homens se comem uns aos outros. O verbo "comer" aqui tem dois sentidos. No Sertão é empregado como "engolir" "digerir", sentido denotativo. Na cidade, é empregado como furtar, roubar, extorquir, defraudar, aproveitar-se, sentido conotativo. Na cidade, quando morre um cidadão todos o comem: os herdeiros, o testamenteiro, os legatários, os credores, o oficial dos órfãos e dos defuntos e ausentes, o médico, o sangrador, a mulher, o coveiro, o sacristão, o coral e "ainda ao pobre defunto o não comeu a terra, e já o tem comido toda a terra". Observe a polissemia do verbo "comer" e do substantivo "terra". Se os homens comessem o semelhante depois de morto, menos horror. "Também os homens se comem vivos". Observe um homem em julgamento. Veja quantos o comem: o oficial de justiça, o carcereiro, o escrivão, o solicitador, o advogado, o inquiridor, a testemunha, o julgador. Pior o homem que o corvo. O corvo come-o o homem depois de sentenciado e morto. O réu come-o o homem bem antes de executado. "Os grandes, que têm o mando das Cidades e Províncias, não se contenta a sua fome de comer os pequenos um por um, ou poucos a poucos, senão que devoram e engolem os povos inteiros". O orador continua falando dos defeitos humanos. Já disse que o homem come outro homem morto. Come-o também vivo. E agora nos diz que os Poderes da Cidade e das Províncias comem os povos inteiros. Pão é alimento diário que acompanha toda refeição. Assim os grandes comem os pequenos como comem o pão quotidiano. Grande ou pequeno é relativo. Os grandes aqui no Brasil são pequenos em Portugal. Aqui comem; lá são comidos. Atrás de um xaréu que persegue um bagre há sempre um tubarão. Vamos insistir: o texto é alegórico. É preciso que os peixes sejam mais repúblicos ou seja, cuidadosos e zelosos dos bens públicos ao invés de usar da força e poder em benefício próprio. Não é natural que se comam uns aos outros. Há alimento de sobra nos mares; não é natural tanta carnificina. Se os animais, após o dilúvio, não se comeram, preservando a espécie, por que não agem assim também os animais das águas? Os peixes são cegos e ignorantes. Outro defeito a ser acrescentado. Enganados por um pedaço de pano e anzol, perdem a vida. Também na terra os homens são cegos e ignorantes. Compram dos negociantes que vêm de Portugal uns retalhos de pano e para pagarem-lhes ficam engasgados e presos com dívidas de um ano para outro ano. "No triste farrapo com que saem à rua, e por isso se matam todo ano". Santo Antônio trocou roupas de gala por uma vestimenta grosseira; depois trocou por outra mais grosseira e com este pano pescou os homens.

Capítulo V
Doze parágrafos

¶ 1
Descendo ao particular, direi agora, peixes, o que tenho contra alguns de vós. E começando aqui pela nossa costa, no mesmo dia em que cheguei a ela, ouvindo os Roncadores[1] e vendo o seu tamanho, tanto me moveram o riso como a ira. É possível que, sendo vós uns peixinhos tão pequenos, haveis de ser as roncas do mar? Se com uma linha de coser e um alfinete torcido vos pode pescar um aleijado, porque haveis de roncar tanto? Mas por isso mesmo roncais. Dizei-me, o Espadarte[2] porque não ronca? Porque ordinariamente quem tem muita espada tem pouca língua[3]. Isto não é regra geral; mas é regra geral que Deus não quer Roncadores e que tem particular cuidado de abater e humilhar aos que muito roncam. S. Pedro[4], a quem muito bem conheceram vossos antepassados, tinha tão boa espada, que ele só avançou contra um exército inteiro de Soldados Romanos[5]; e, se Cristo lha não mandara meter na bainha[6], eu vos prometo[7] que havia de cortar mais orelhas que a de Malco[8]. Contudo, que lhe sucedeu naquela mesma noite? Tinha roncado e barbateado[9] Pedro que, se todos fraqueassem, só ele havia de ser constante até morrer, se fosse necessário; e foi tanto pelo contrário, que só ele fraqueou mais que todos, e bastou a voz de uma mulherzinha para o fazer tremer e negar[10]. Antes disso já tinha fraqueado na mesma hora em que prometeu tanto de si. Disse-lhe Cristo no Horto que vigiasse, e vindo daí a pouco a ver se o fazia, achou-o dormindo com tal descuido, que não só o acordou do sono, senão também do que tinha brasonado: *Sic non potuisti una hora vigilare mecum?*[11] Vós, Pedro, sois o valente que havíeis de morrer por mim, e não pudestes uma hora vigiar comigo? Pouco há tanto roncar, e agora tanto dormir? Mas assim sucedeu. O muito roncar antes da ocasião é sinal de dormir nela[12]. Pois que vos parece, irmãos Roncadores? Se isto sucedeu ao maior pescador[13], que pode acontecer ao menor peixe? Medi-vos, e logo vereis quão pouco fundamento tendes de brasonar, nem roncar.

¹ "Roncadores". Peixes dos mares tropicais e temperados, comuns na costa do Brasil, de cor rosada e manchas escuras, que emitem ranços quando acionam sua bexiga gasosa. Por metáfora aqueles que espalham bravatas; fanfarões.

² "Espartate". Peixe de grande porte dos mares quentes e temperados, com até 4,5m de comprimento, nado rápido e maxilar superior alongado como uma lâmina; também conhecido como peixe-espada.

³ "quem tem muita espada tem pouca língua". Contra o argumento da força, não há razão.

⁴ "Pedro". O primeiro dos apóstolos e dos papas, mártir em Roma no reinado de Nero, provavelmente no ano 67. Festejado em 29 de junho.

⁵ "um exército inteiro de Soldados Romanos". Na Bíblia, leem-se alguns soldados. A hipérbole justifica o texto.

⁶ "e, se Cristo lha não mandara meter na bainha...". E, se Cristo não mandasse (Pedro) meter a espada na bainha dele.

⁷ "eu vos prometo". Eu vos garanto.

⁸ "havia de cortar mais orelhas que a de Malco". Malco – "Então, Simão Pedro puxou da espada que trazia e feriu o servo do sumo sacerdote, cortando-lhe a orelha direita; e o nome do servo era malco" – João 18/10.

⁹ "Tinha roncado e barbateado". Tinha roncado e fanfarronado, bravateado; contando papo. Observe a aproximação entre duas ideias roncar e barbatear.

¹⁰ "... e bastou a voz de uma mulherzinha para o fazer tremer e negar". Estando Pedro embaixo no pátio, veio uma das criadas do sumo sacerdote e, vendo a Pedro, que se aquentava, fixou-o e disse: Tu também estavas com Jesus, o Nazareno. Mas ele o negou, dizendo: não o conheço nem compreendo o que dizes. Marcos 14/66.

¹¹ "... una hora vigilare mecum?". Não pudestes vigiar comigo nem uma hora? Marcos 14/37

¹² "O muito roncar antes da ocasião é sinal de dormir nela". Observe o valor moral da oração. Quem conta "papo" antes da hora é indício de que na hora da ação, será um inerte. Vale como provérbio, máxima ou anexim.

¹³ "ao maior pescador". São Pedro, pescador de peixe e dos homens.

¶ 2

Se as Baleias roncaram, tinha mais desculpa a sua arrogância na sua grandeza. Mas ainda nas mesmas Baleias não seria essa arrogância segura. O que é a Baleia entre os peixes era o Gigante Golias[1] entre os homens. Se o Rio Jordão e o mar de Tiberíades têm comunicação com o Oceano[2], como devem ter, pois dele manam todos, bem deveis de saber que este Gigante era a ronca dos Filisteus[3]. Quarenta dias contínuos esteve armado no campo, desafiando a todos os arraiais de Israel, sem haver quem se lhe atrevesse. E no cabo, que fim teve toda aquela arrogância? Bastou um pastorzinho com um cajado e uma funda para dar com ele em terra. Os arrogantes e soberbos tomam-se com Deus; e quem se toma com Deus sempre fica debaixo. Assim que, amigos Roncadores, o verdadeiro conselho é calar e imitar a Santo Antônio. Duas coisas há nos homens que os costumam fazer roncadores, porque ambas incham: o saber e o poder. Caifás roncava de saber: *Vos nescitis quidquam*[5]. Pilatos roncava de poder: *Nescis quia potestatem habeo?*[6] E ambos contra Cristo. Mas o fiel servo de Cristo, Antônio, tendo tanto saber, como já vos disse, e tanto poder, como vós mesmos experimentastes, ninguém houve jamais que o ouvisse falar em saber ou poder, quanto mais brasonar[7] disso. E, porque tanto calou, por isso deu tamanho brado[8].

[1] "Gigante Golias". David matou o gigante Golias, acertando lhe a cabeça por meio da funda.

[2] "o Rio Jordão e o mar Tiberíades têm comunicação". O orador supõe erradamente que exista uma ligação entre o Rio Jordão e o lago Tiberíades.

[3] "este Gigante era a ronca dos Filisteus". Golias, entre seu povo, era o homem da bravata. Fanfarrão, que era, teve seus dias contados.

[4] "Os arrogantes e soberbos tomam-se com Deus". Os arrogantes e soberbos emparelham-se com Deus.

[5] "Vos nescitis quidquam". Vós não sabeis nada. São João 11/46.

[6] "Nescis quia potestatem habeo?". Não sabeis que tenho poder? São João 19/10

[7] "quanto mais brasonar disso". Quanto mais ostentar-se disso (colocar brasão).

[8] "E, porque tanto calou, por isso deu tamanho brado". Observe o paradoxo e antítese: calando-se, deu tamanho brado.

¶ 3
Nesta viagem, de que fiz menção, e em todas as que passei a Linha Equinocial[1], vi debaixo dela o que muitas vezes tinha visto e notado nos homens, e me admirou que se houvesse estendido esta ronha[2] e pegado também aos peixes. Pegadores se chamam estes de que agora falo, e com grande propriedade, porque sendo pequenos, não só se

chegam a outros maiores, mas de tal sorte se lhes pegam aos costados que jamais os desferram[3]. De alguns animais de menos força e indústria[4] se conta que vão seguindo de longe aos Leões na caça, para se sustentarem do que a eles sobeja[5]. O mesmo fazem estes Pegadores, tão seguros ao perto como aqueles ao longe, porque o peixe grande não pode dobrar a cabeça, nem voltar a boca sobre os que traz às costas, e assim lhes sustenta o peso e mais a fome. Este modo de vida, mais astuto que generoso, se acaso se passou e pegou de um elemento a outro[6], sem dúvida que o aprenderam os peixes do alto[7], depois que os nossos Portugueses o navegaram; porque não parte Vice-Rei ou governador para as Conquistas[8] que não vá rodeado de Pegadores, os quais se arrimam a eles, para que cá lhes matem a fome, de que lá não tinham remédio. Os menos ignorantes, desenganados da experiência, despegam-se e buscam a vida por outra via; mas os que se deixam estar pegados à mercê e fortuna dos maiores, vem-lhes a suceder no fim o que aos Pegadores do mar.

[1] "Linha Equinocial". Instante em que o sol, no seu movimento anual aparente, corta o equador. Então, linha do Equador.

[2] "ronha". Malícia, manha, astúcia, solércia, maquinação.

[3] "desaferram". Verbo desaferrar; soltar o que está aferrado, ou seja preso com o ferro.

[4] "indústria". Engenho, habilidade, destreza.

[5] "sobeja". Verbo sobejar – ter por demais, sobrar, superabundar.

[6] "de um elemento a outro". Dois elementos: a terra e o mar.

[7] "peixes do alto". Peixes do alto mar.

[8] "para as Conquistas". Para as terras já conquistadas ou por conquistar.

¶ 4

Rodeia a Nau o Tubarão nas calmarias da Linha com os seus Pegadores[1] às costas, tão cerzidos[2] com a pele, que mais parecem remendos, ou manchas naturais, que os hóspedes ou companheiros. Lançam-lhe um anzol de cadeia com a ração de quatro Soldados[3], arremessa-se furiosamente à presa, engole tudo de um bocado, e fica preso. Corre meia companha[4] a alá-lo acima[5], bate fortemente o convés com os últimos arrancos, enfim, morre o Tubarão, e morrem com ele os Pegadores. Parece-me que estou ouvindo a S. Mateus, sem ser Apóstolo pescador[6], descrevendo isto mesmo na terra. Morto Herodes[7], diz o Evangelista, apareceu o Anjo a José no Egipto, e disse-lhe que já se podia tornar para a pátria, porque eram mortos todos aqueles que queriam tirar a vida ao Menino: *Defuncti sunt enim qui quaerebant animam Pueri*[8]. Os que queriam tirar a vida a Cristo Menino eram Herodes e todos os seus, toda a sua família, todos os seus aderentes, todos os que seguiam e pendiam da sua fortuna. Pois é possível que todos estes morressem juntamente com Herodes? Sim: porque em morrendo o Tubarão morrem também com ele os Pegadores: *Defuncto Herode, defuncti sunt qui quaerebant animam Pueri*[9]. Eis aqui, peixinhos ignorantes e miseráveis, quão errado e enganoso é este modo de vida que escolhestes. Tomai o exemplo nos homens, pois eles o não tomam em vós, nem seguem, como deveram[10], o de Santo Antônio.

[1] "Pegadores". Parasitas.

[2] "tão cerzidos". Tão presos, tão unidos.

[3] "quatro soldados". Peixes que veem nos mares do nordeste brasileiro. É tão abundante que é usado como isca para apanhar outros peixes.

[4] "Corre meia companha a alá-lo acima". A tripulação do barco corre a puxar o tubarão para cima.

⁵ "a alá-lo". A içá-lo, a puxá-lo – a pegá-lo.

⁶ "sem ser Apóstolo pescador". São Mateus, cobrador de impostos, embora não fosse pescador, descreveu aquela cena já narrada.

⁷ "Herodes". Herodes, o Grande, Rei da Judeia, no ano 39 a. C. até ao nascimento de Cristo. É a ele que se atribui a "degolação" dos inocentes.

⁸ "Defuncti sunt enim qui quaerebant animam Pueri". São Marcos 2/20 "morreram aqueles que atentavam contra a vida do menino".

⁹ Ver nota 8

¹⁰ "nem seguem, como deveram, o de Santo Antônio". Nem seguem como deveriam seguir o exemplo de Santo Antônio.

¶ 5

Deus também tem os seus Pegadores. Um destes era David, que dizia: *Mihi autem adhaerere Deo bonum est*[1]. Peguem-se outros aos grandes da terra, que eu só me quero pegar a Deus. Assim o fez também Santo Antônio; e, senão, olhai para o mesmo Santo e vede como está pegado com Cristo, e Cristo com ele. Verdadeiramente se pode duvidar qual dos dois é ali o Pegador; e parece que é Cristo, porque o menor é sempre o que se pega ao maior, e o Senhor fez-se tão pequenino, para se pegar a Antônio[2]. Mas Antônio também se fez Menor[3], para se pegar mais a Deus. Daqui se segue que todos os que se pegam a Deus, que é imortal, seguros estão de morrer como os outros Pegadores. E tão seguros que, ainda no caso em que Deus se fez Homem e morreu, só morreu para que não morressem todos os que se pegassem a ele. Bem se viu nos que estavam já pegados, quando disse: *Si ergo me quaeritis, sinite hos abire*[4]. Se me buscais a mim, deixai ir a estes. E posto que deste modo só se podem pegar os homens, e vós, meus peixezinhos, não, ao menos devereis imitar aos outros animais do ar e da terra que, quando se chegam aos grandes e se amparam do seu poder, não se pegam de tal sorte que morram juntamente com eles. Lá diz a Escritura daquela famosa árvore em que era significado o grande Nabucodonosor[5], que todas as aves do Céu descansavam sobre os seus ramos e todos os animais da terra se recolhiam à sua sombra, e uns e outros se sustentavam de seus frutos; mas também diz que, tanto que foi cortada esta árvore, as aves voaram e os outros animais fugiram. Chegai-vos embora aos grandes, mas não de tal maneira pegados que vos mateis por eles, nem morrais com eles[6].

[1] "Mihi autem adhaerere Deo bonum est". Salmo de David 72/28 "para mim é bom unir-me a Deus".

[2] "fez-se tão pequenino, para se pegar a Antônio". A maioria das imagens de Santo Antônio representa o Santo segurando no colo o menino Jesus.

[3] "Mas Antônio também se fez Menor". Frade da Ordem Menor. Mas, pelo contexto, dá para entender também que se fez humilde, prestativo, servo do Senhor.

[4] "si ergo me quaeritis, sinite hos abire". São João 18/8 "se é a mim, pois, que buscais, deixai ir estes".

[5] "O grande Nabucodonosor". Rei de Caldeia, de 605 a 562 a. C. Guerreou contra o Egito, destruiu o reino de Judá.

[6] "chegai-vos embora aos grandes mas não de tal maneira pegados que vos mateis por eles, nem morrais com eles". No Maranhão, grande era a facção que queria a escravidão dos índios, portanto tinha os Jesuítas como inimigos. Daí o conselho. Pode chegar-vos aos grandes mas moderadamente.

¶ 6

Considerai, Pegadores vivos, como morreram os outros que se pegaram àquele peixe grande, e porquê. O Tubarão morreu porque comeu, e eles morreram pelo que não comeram[1]. Pode haver maior ignorância que morrer pela fome e boca alheia?[2] Que morra o Tubarão porque comeu, matou-o a sua gula; mas que morra o Pegador pelo que não comeu é a maior desgraça que se pode imaginar! Não cuidei que também nos peixes havia pecado original[3]! Nós os homens, fomos tão desgraçados, que outrem comeu e nós o pagamos. Toda a nossa morte teve princípio na gulodice de Adão e Eva; e que hajamos de morrer pelo que outrem comeu, grande desgraça! Mas nós lavamo-nos desta desgraça com uma pouca de água[4], e vós não vos podeis lavar da vossa ignorância com quanta água tem o mar.

[1] "O Tubarão morreu porque comeu, e eles morreram pelo que não comeram". Quiasmo, tão a gosto de barroco. Atente para o paradoxo: morre-se porque come e morre-se pelo que não come.

[2] "Pode haver maior ignorância que morrer pela fome e boca alheia". Os Pegadores morrem pela fome do Tubarão e pela sua boca.

[3] "pecado original". Segundo a Igreja, é condição tão somente humana. Pagar pelo erro de outrem.

[4] "um pouco de água". A água do Batismo que redime o homem do pecado de Adão e Eva.

¶ 7

Com os Voadores[1] tenho também uma palavra, e não é pequena a queixa. Dizei-me, Voadores, não vos fez Deus para peixes? Pois porque vos meteis a ser aves? O mar fê-lo Deus para vós[2], e o ar para elas. Contentai-vos com o mar e com nadar, e não queirais voar, pois sois peixes. Se acaso vos não conheceis, olhai para as vossas espinhas e para as vossas escamas, e conhecereis que não sois aves, senão peixes, e ainda entre os peixes não dos melhores. Dir-me-eis, Voador, que vos deu Deus maiores barbatanas que aos outros de vosso tamanho. Pois porque tivestes maiores barbatanas, por isso haveis de fazer das barbatanas asas? Mas ainda mal, porque tantas vezes vos desengana o vosso castigo. Quisestes ser melhor que os outros peixes, e por isso sois mais mofino[3] que todos. Aos outros peixes, do alto[4], mata-os o anzol ou a fisga; a vós, sem fisga nem anzol, mata-vos a vossa presunção e o vosso capricho[5]. Vai o navio navegando, e o Marinheiro dormindo, e o voador toca na vela, ou na corda, e cai palpitando. Aos outros peixes mata-os a fome e engana-os a isca, ao Voador mata-o a vaidade de voar, e a sua isca é o vento. Quanto melhor lhe fora mergulhar por baixo da quilha, e viver, que voar por cima das antenas, e cair morto. Grande ambição é, que sendo o mar tão imenso, lhe não basta a um peixe tão pequeno todo o mar e queira outro elemento mais largo. Mas vede, peixes, o castigo da ambição. O Voador fê-lo Deus peixe[6], e ele quis ser ave, e permite o mesmo Deus que tenha os perigos de ave e mais os de peixe. Todas as velas para ele são redes, como peixe, e todas as cordas, laços como ave. Vê, Voador, como correu pela posta[7] o teu castigo. Pouco há nadavas vivo no mar com as barbatanas, e agora jazes[8] em um convés amortalhado nas asas. Não contente com ser peixe, quiseste ser ave, e já não és ave nem peixe: nem voar poderás já, nem nadar. A Natureza deu-te a água, tu não quiseste senão o ar, e eu já te vejo posto ao fogo[9]. Peixes, contente-se cada um com o seu elemento. Se o Voador não quisera passar do segundo ao terceiro, não viera a parar no quarto[10]. Bem seguro estava ele do fogo, quando nadava na água, mas, porque quis ser borboleta das ondas, vieram-se-lhe a queimar as asas.

[1] "Voadores". Peixe da Costa Atlântica, de cabeça quadrangular. Longos espinhos na região temporal e nadadeiras peitorais, maculadas e ponteadas com tal desenvolvimento que lhe permitem dar pequenos voos próximos à superfície da água.

² "O mar fê-lo Deus para vós". Objeto direto pleonástico. A repetição do objeto direto permite a inversão da frase sem prejuízo do entendimento.

³ "sois mais mofino". Sois mais infeliz, acanhado.

⁴ "peixes do alto". Peixes do alto mar.

⁵ "mata-vos a vossa presunção e o vosso capricho". O autor deixou o verbo no singular, embora o sujeito seja composto. É facultativa a concordância quando o sujeito composto estiver depois do verbo.

⁶ "O Voador fê-lo Deus peixe". Objeto direto pleonástico.

⁷ "correu pela posta". Posta – administração pública para entrega de carta à cavalo. Correio. No texto: correu depressa, já que era o meio de locomoção mais ágil e rápido conhecido até então.

⁸ "e agora jazes...". O verbo jazer (estar morto, estar sepultado) tem conjunção regular: jazo – jazes - jaz – jazemos – jazeis – jazem.

⁹ "já te vejo posto ao fogo". Já te vejo posto ao fogo para ser cozinhado e comido.

¹⁰ "Se o Voador não quisera passar do segundo ao terceiro, não viera a passar no quarto". Na Antiguidade, os quatro elementos que constituem a matéria: 1º a terra; 2º a água; 3º o ar; 4º o fogo. Então, se o voador não quisesse passar da água ao ar, não viria a parar no fogo.

¶ 8

À vista deste exemplo, Peixes, tomai todos na memória esta sentença. Quem quer mais do que lhe convém perde o que quer e o que tem¹. Quem pode nadar e quer voar, tempo virá em que não voe nem nade. Ouvi o caso de um Voador da terra. Simão Mago², a quem a Arte Mágica, na qual era famosíssimo, deu o sobrenome, fingindo-se que ele era o verdadeiro Filho de Deus, sinalou o dia em que aos olhos de toda Roma havia de subir ao Céu, e com efeito começou a voar mui alto; porém a oração de S. Pedro, que se achava presente, voou mais depressa que ele, e caindo lá de cima o Mago, não quis Deus que morresse logo, senão que aos olhos[3] também de todos quebrasse, como quebrou, os pés. Não quero que repareis no castigo, senão no gênero dele Que caia Simão, está muito bem caído; que morra, também estaria muito bem morto, que o seu atrevimento e a sua arte diabólica o merecia[4]. Mas que de uma queda tão alta não rebente nem quebre a cabeça, ou os braços, senão os pés? Sim, diz S. Máximo: porque quem tem pés para andar e quer asas para voar, justo é que perca as asas e mais os pés. Elegantemente o Santo Padre: Ut qui paulo ante volare tentaverat, subito ambulare non posset; et qui pennas assumpserat, plantas amitteret[5]. E Simão tem pés e quer asas, pode andar e quer voar; pois quebrem-se-lhe as asas, para que não voe, e também os pés, para que não ande. Eis aqui, Voadores do mar, o que sucede aos da terra, para que cada um se contente com o seu elemento. Se o mar tomara exemplo nos rios, depois que Ícaro[6] se afogou no Danúbio, não haveria tantos Ícaros no Oceano.

[1] "Quem quer mais do que lhe convém perde o que quer e o que tem". O autor cria um provérbio, valendo por máxima ou anexim.

[2] "Simão Mago". Personagem dos Atos dos Apóstolos. Convertido ao cristianismo, propôs a S. Pedro comprar os poderes do Espírito Santo. Daí a palavra "simonia" dada ao tráfico de coisas sagradas. Foi considerado o iniciador do gnosticismo. Leia Atos dos Apóstolos Capítulo VIII – versículo 9 a 24.

[3] "nos olhos também de todos". À vista também de todos, na presença também de todos.

⁴ "... o seu atrevimento e a sua arte diabólica o merecia". O sujeito é composto e o verbo, posposto a ele, ficou no singular. É legitima esta concorrência. A ideia é uma só (atrevimento e arte diabólica). Leia outros exemplos:
Meu sogro e teu avô sabe o quanto o estimo.
O ódio e a raiva constrói miséria.
A sede e o desejo de dinheiro nunca se farta.
Triste ventura e negro fado os chama neste terreno meu. Os Lusíadas V/46.

⁵ "... plantas amitteret". Tradução:
Para quem pouco antes tentava voar, subitamente não pudesse andar, e o que tinha tomado asas, perdesse os pés.

⁶ "Ícaro". Filho de Dédalo com quem fugiu do labirinto da ilha de Creta, por meio de asas pegadas com cera. Tendo se aproximado muito do sol, a cera derreteu-se, as asas caíram e Ícaro foi precipitado ao mar. Vieira compara a Ícaro aqueles que são vítimas de projetos demasiadamente ambiciosos, além de seu poder e capacidade.

¶ 9
Oh Alma de Antônio, que só vós tivestes asas e voastes sem perigo, porque soubestes voar para baixo e não para cima! Já S. João[1] viu no Apocalipse[2] aquela mulher, cujo ornato gastou todas as luzes ao Firmamento, e diz que lhe foram dadas duas grandes asas de Águia: *Datae sunt mulieri alae duae aquilae magnae*[3]. E para quê? *Ut volaret in desertum*[4]. Para voar ao deserto. Notável coisa, que não debalde lhe chamou o mesmo Profeta grande maravilha[5]. Esta mulher estava no Céu: *Signum magnum apparauit in Coelo, muliei amicta Sole*[6]. Pois se a mulher estava no Céu, e o deserto na terra, como lhe dão asas para voar ao deserto? Porque há asas para subir e asas para descer. As asas para subir são muito perigosas, as asas para descer muito seguras: e tais foram as de Santo Antônio. Deram-se à alma de Santo Antônio duas asas de Águia, que foi aquela duplicada sabe-

doria, natural e sobrenatural, tão sublime, como sabemos. E ele que fez? Não estendeu as asas para subir, encolheu-as para descer; e tão encolhidas que, sendo a Arca do Testamento[7], era reputado, como já vos disse, por Leigo e sem ciência. Voadores do mar (não falo com os da terra), imitai o vosso Santo Pregador. Se vos parece que as vossas barbatanas vos podem servir de asas, não as estendais para subir, por que vos não suceda[8] encontrar com alguma vela ou algum costado; encolhei-as para descer, ide-vos meter no fundo em alguma cova; e se aí estiverdes mais escondidos, estareis mais seguros.

[1] "São João". Um dos apóstolos de Cristo. Segundo a tradição, o predileto de Jesus. Este lhe confiou, antes de morrer, os cuidados de sua mãe.

[2] "Apocalipse". Livro escrito por São João. Suas visões na ilha de Patmos.

[3] "Deatae sunt mulieri alae duae aquilae magnae". "Foram dadas à mulher duas grandes asas de águia". Apocalipse 12, 14.

[4] "ut volaret in desertum". Para que voasse no deserto.

[5] "que não debalde lhe chamou... grande maravilha". Que não em vão, sem propósito lhe chamou... grande maravilha.

[6] "Signum magnum apparauit in Coelo, muliei amicta Sole". Surgiu um grande sinal no céu, uma mulher vestida de sol. Apocalipse 12, 1.

[7] "Arca do Testamento". Cognome dado a Santo Antônio pelos teólogos.

[8] "não as estendais para subir, por que vos suceda". A segunda oração tem valor de finalidade. Adverbial final. Não as entendais para subir a fim de que vos suceda.

¶ 10

Mas já que estamos nas covas do mar, antes que saiamos delas, temos lá o irmão Polvo[1], contra o qual têm suas queixas, e grandes, não menos que S. Basílio e Santo Ambrósio. O Polvo, com aquele seu capelo[2] na cabeça, parece um Monge[3]; com aqueles seus raios estendidos, parece uma Estrela, com aquele não ter osso nem espinha, parece a mesma brandura, a mesma mansidão. E debaixo desta aparência tão modesta, ou desta hipocrisia tão santa[4], testemunham constantemente[5] os dois grandes Doutores da Igreja latina e Grega que o dito Polvo é o maior traidor do mar[6]. Consiste esta traição do Polvo primeiramente, em se vestir ou pintar das mesmas cores de todas aquelas cores a que está pegado. As cores, que no Camaleão são gala, no polvo são malícia; as figuras, que em Proteu[7] são fábula, no Polvo são verdade e artifício. Se está nos limos, faz-se verde; se está na areia, faz-se branco; se está no lodo, faz-se pardo: e se está em alguma pedra, como mais ordinariamente costuma estar, faz-se da cor da mesma pedra. E daqui que sucede? Sucede que outro peixe, inocente da traição, vai passando desacautelado, e o salteador, que está de emboscada dentro do seu próprio engano[9], lança-lhe os braços de repente e fá-lo prisioneiro. Fizera mais Judas?[10] Não fizera mais, porque nem fez tanto. Judas abraçou a Cristo, mas outros o prenderam; o Polvo é o que abraça e mais o que prende. Judas com os braços fez o sinal, e o polvo dos próprios braços faz as cordas. Judas é verdade que foi traidor, mas com lanternas diante: traçou a traição às escuras, mas executou-a muito às claras. O Polvo, escurecendo-se a si[11], tira a vista aos outros, e a primeira traição e roubo que faz, é a luz, para que não distinga as cores. Vê, Peixe aleivoso e vil[12], qual é a tua maldade, pois Judas em tua comparação já é menos traidor.

[1] "Polvo". Molusco cefalópode. Possui oito tentáculos, cheios de ventosas. Polvo não é peixe.

[2] "capelo". Capuz de frade ou de monge – touca.

³ "Monge". Frade ou religioso de mosteiro. O feminino é monja.

⁴ "hipocrisia tão santa". Antítese. Se é santo não pode ser hipócrita. Entenda-se: - O monge tem gesto, jeito, postura de santo; mas é só aparência. É hipócrita.

⁵ "testemunham contestamente". Testemunham comprovadamente, com argumentação insofismável, unanimente.

⁶ "o maior traidor do mar". Antítese à passagem anterior: estrela, brandura, mansidão.

⁷ "Proteu". Filho do Oceano e Tétis. Ninguém conseguia prendê-lo, já que tinha a capacidade de aparentar formas diversas. Fábula, fantasia, magia, maravilhoso.

⁸ "faz-se da cor da mesma pedra". Mimetismo – fenômeno de vários animais tomarem a cor e a configuração dos objetos em cujo meio vivem ou de outros animais de grupos diferentes.

⁹ "e o salteador... está de emboscada dentro de seu próprio engano". Dentro de seu próprio disfarce, de seu ardil, de sua maquinação.

¹⁰ "Fizera mais Judas?". A interrogação provoca curiosidade na plateia.

¹¹ "O Polvo, escurecendo-se a si". Objeto direto pleonástico.

¹² "Peixe aleivoso e vil".
Peixe traidor e desprezível
Peixe pérfido e abjeto
Peixe fraudulento e infame

¶ 11

Oh que excesso tão afrontoso e tão indigno de um elemento tão puro, tão claro e tão cristalino como o da Água, espelho natural não só da terra, senão do mesmo Céu[1]. Lá disse o Profeta[2], por encarecimento, que nas nuvens do ar até a água é escura: *Tenebrosa aqua in nubibus aeris*[3]. E disse nomeadamente nas nuvens do ar, para atribuir a escuridão ao outro elemento e não à água, a qual em seu próprio elemento é sempre clara, diáfana e transparente[4], em que nada se pode ocultar, encobrir, nem dissimular. E que neste mesmo elemento se crie, se conserve e se exercite com tanto dano do bem público um monstro tão dissimulado[5], tão fingido, tão astuto, tão enganoso e tão conhecidamente traidor! Vejo, peixes, que pelo conhecimento que tendes das terras em que batem os vossos mares, me estais respondendo, e convindo, que também nelas há falsidades, enganos, fingimentos, embustes, ciladas e muito maiores e mais perniciosas traições. E, sobre o mesmo sujeito que defendeis, também podereis aplicar aos semelhantes[6] outra propriedade muito própria; mas pois vós a calais, eu também a calo. Com grande confusão, porém, vos confesso tudo, e muito mais do que dizeis, pois não o posso negar. Mas ponde os olhos em Antônio, vosso Pregador, e vereis nele o mais puro exemplar da candura, da sinceridade e da verdade, onde nunca houve dolo, fingimento ou engano. E sabei também que, para haver tudo isto em cada um de nós, bastava antigamente ser Português, não era necessário ser Santo[7].

[1] "... Água, espelho natural não só da terra, senão do mesmo Céu". "Deus ao mar o perigo e o abismo deu mas nele é que espelhou o céu". Fernando Pessoa.

[2] "Profeta". David, Rei de Israel.

[3] "Tenebrosa aqua in nubibus aeris". "Água tenebrosa nas nuvens do ar" – David. Salmo 17 – 12.

⁴ "clara, diáfana e transparente". Diáfana: que dá passagem à luz; transparente, translúcida.

⁵ "monstro tão dissimulado". Dissimulado – Aquele que tem por costume dissimular, ocultar com astúcia, encobrir, fingir, disfarçar.

⁶ "aplicar aos semelhantes". Semelhantes aos peixes traidores

⁷ "não era necessário ser Santo". Antigamente bastava ser Português para ser o mais puro exemplar da candura, da sinceridade e da verdade.

¶ 12
Tenho acabado, Irmãos Peixes, os vossos louvores e repreensões1, e satisfeito, como vos prometi, às duas obrigações do sal, posto que do mar e não da terra: Vos estis sal terrae. Só resta fazer-vos uma advertência muito necessária, para os que viveis nestes mares. Como eles são tão esparcelados e cheios de baixios, bem sabeis que se perdem e dão à costa muitos navios, com que se enriquece o mar e a terra se empobrece. Importa, pois, que advirtais que nesta mesma riqueza tendes um grande perigo, porque todos os que se aproveitam dos bens dos naufragantes ficam excomungados e malditos2. Esta pena de excomunhão, que é gravíssima, não se pôs a vós, senão aos homens; mas tem mostrado Deus por muitas vezes, que, quando os animais cometem materialmente o que é proibido por esta Lei, também eles incorrem, por seu modo, nas penas dela, e no mesmo ponto começam a definhar, até que acabam miseravelmente. Mandou Cristo a S. Pedro que fosse pescar, e que na boca do primeiro peixe que tomasse acharia uma moeda, com que pagar certo tributo. Se Pedro havia de tomar mais peixe que este, suposto que ele era o primeiro, do preço dele e dos outros podia fazer o dinheiro com que pagar aquele tributo, que era de uma só moeda de prata e de pouco peso. Com que mistério manda logo o Senhor que se tire da boca deste peixe, e que seja ele o que morra primeiro que os demais? Ora estai atentos. Os peixes não batem3 moeda no fundo do mar, nem têm contratos com os homens, donde lhes

possa vir dinheiro; logo, a moeda que este peixe tinha engolido era de algum navio que fizera naufrágio naqueles mares. E quis mostrar o Senhor que as penas que S. Pedro ou seus sucessores fulminam contra os homens que tomam os bens dos naufragantes, também os peixes por seu modo as incorrem4, morrendo primeiro que os outros, e com o mesmo dinheiro que engoliram atravessado na garganta. Oh que boa doutrina era esta para a terra, se eu não pregara para o mar5. Para os homens não há mais miserável morte que morrer com o alheio atravessado na garganta, porque é pecado de que o mesmo S. Pedro e o mesmo Sumo Pontífice não pode absolver. E posto que os homens incorrem a morte eterna, de que não são capazes os peixes, eles contudo apressam a sua temporal6, como neste caso, se materialmente, como tenho dito, se não abstêm dos bens dos naufragantes.

[1] "louvores e repreensões". Louvores do geral para o particular. Repreensões do geral para o particular.

[2] "ficam excomungados e malditos". Era comum ir-se em busca de riqueza dos navios naufragados.

[3] "Os peixes não batem moeda no fundo do mar". Os peixes não imprimem, não cunham moeda no fundo do mar.

[4] "penas... por seu modo as incorrem". O autor deu o verbo "incorrer" regência de transito direto quando rigorosamente é transitivo indireto. "Penas... por seu modo incorrerem nelas".

[5] "Oh que boa doutrina era esta para a terra, se eu não pregara para o mar". Ironia. O orador está pregando para a terra. Não está pregando para o mar.

[6] "apressam a sua temporal". Apressam seu tempo, seu fim temporal, sua morte.

Comentários ao Quinto Capítulo

O próprio orador anuncia que vai descer do geral ao particular. Cada peixe simboliza uma classe social, seus defeitos e corrupção. Vai narrar agora as atividades do Roncador, dos Pegadores, dos voadores e do Polvo. O roncador é símbolo do arrogante, da vaidade levada às ultimas consequências. Os Pregadores simbolizam os aduladores, os sem vontade, os parasitas de corpo e de alma. Os voadores simbolizam os homens de ambição exagerada, homens de projetos inalcançáveis. O polvo simboliza os traidores, homens cuja aparência diz aquilo que não são. Dissimuladores. Os roncadores causam no orador riso e ira. Riso pela insignificância do tamanho. Ira pela ousadia que se vê em um animal tão pequeno. Por que o espadarte, peixe de grande porte, não ronca? Porque quem é grande de porte, de poder e de alma não é arrogante. Dois exemplos bíblicos são invocados em socorro à sua tese. O exemplo de São Pedro e do Gigante Golias. Pedro, arrogante, disse a Cristo que se todos os apóstolos fraqueassem, só ele havia de ser constante e fiel ao mestre, mesmo que o castigo para tanta fidelidade fosse a morte. Bastou a voz de uma mulherzinha para o fazer tremer e negar. Antes, no Horto, deveria ficar em vigia. Cristo o acordou do sono profundo. "O muito roncar antes da ocasião é sinal de dormir nela". Golias era a baleia entre os peixes. Bastou um pastorzinho com um cajado e uma funda para vencê-lo. "Os arrogantes e soberbos tomam-se com Deus, e quem se toma com Deus, sempre fica debaixo". O saber e o poder fazem arrogantes aos homens. Caifás roncava de saber. Pilatos roncava de poder. Santo Antônio tinha saber e poder e, calado, deu tamanho brado. Paralelismo antitético. Pregadores são parasitas. Exemplos não faltam. Nunca um Vice-Rei ou Governador partiu para as conquistas, que não viesse acompanhado de bajuladores e parasitas. Morrendo o tubarão, morrem também seus pegadores, logo não é honesto viver às custas dos outros. Morrendo Herodes, morreram todos que queriam tirar a vida ao menino. David e Santo Antônio foram Pregadores de Deus e quem se prega a Deus, não morre nunca. Deus morreu na cruz para que todos homens que se apegassem a Ele não morressem nunca. Os voadores simbolizam a ambição e a presunção. Por que um peixe se mete a ser ave? Deus deu o mar aos peixes e o ar às aves. O voador tem espinhas, escamas e barbatanas... é peixe, não é ave. Os outros peixes matam-nos a fisga e o anzol. Os voadores, além de morrer pela fisga e pelo anzol, matam-nos sua ambição e presunção, porque morrem também fora d' água. Observe a aliteração com a letra **V** sugerindo o voo das aves e do peixe voador: "Vai o navio navegando e o marinheiro dormindo e o voador toca na vela... ao voador mata-o a vaidade de voar e a sua isca é o vento". Quatro são os elementos: a terra, a água, o ar, o fogo. Os voadores são da água; descontentes querem o ar; acabam cozidos no fogo. "Eis aqui voadores do mar o que sucede aos da terra para que cada um se contente com seu elemento". Simão Mago quis subir ao céu (evangelho apócrifo). Bastou uma oração de São Pedro para que se visse sem asas e sem pés. Ícaro tentou chegar próximo ao sol. Caiu no mar Egeu e afogou-se (Vieira faz Ícaro morrer no Danúbio). Só Santo Antônio teve asa e voou sem perigo porque soube voar para baixo e não para cima, salvando na terra as almas para o céu. O polvo é o símbolo da traição. "Com aquele capelo na cabeça parece um monge". Sem dúvida, o orador faz crítica severa aos religiosos hipócritas, sejam eles monges, frades ou dominicanos. O capelo na cabeça – monge. Raios estendidos – estrela. Ausência de ossos e espinhas – brandura, e mansidão. Esta é a aparência. Na verdade, o maior traidor do mar. Os religiosos hipócritas são os maiores traidores da terra. Monge com o capuz na cabeça, estrela, mansidão e brandura só podem ser interpretados como ironia. Na aparência, os monges são guiados pela luz das estrelas. Seus atos são manifestações de mansidão e brandura. Tudo hipocrisia. E fulmina o orador: "hipocrisia santa". A expressão é antitética. O que é santo não pode ser hipócrita. Entende-se assim: Santo é o gesto, as mãos postas, a fala mansa, o olhar místico. Hipócrita é a alma, o espírito, a vontade interna, a intenção. Na aparência – santo. Intimamente, o maior traidor da terra e do mar. É através da metamorfose que consegue êxito em sua traição. Nos limos é verde, na areia é branco, no lodo é pardo, na pedra é da cor da pedra. Enfim, qual a cor do hipócrita? É a cor que lhe convém naquela circunstância. Quem são suas vítimas? Os inocentes, os descautelados, estes miseráveis que vão em busca de auxílio moral e espiritual. Este monge hipócrita é mais traidor que Judas. Judas abraçou Cristo, mas não o prendeu. O polvo abraça e prende. Judas traçou a traição às claras. O polvo tira as cores para traçar a traição e, camuflando as cores, a executa. Santo Antônio é o mais puro exemplar da candura, da sinceridade e da verdade. Nele não se veem dolo, fingimento ou engano. Aliás todas essas qualidades tinham os antigos, não era necessário ser Santo. Por último, uma advertência aos homens que tentam enriquecer à custa de naufrágios. Busca na Sagrada Escritura inspiração. São Pedro pescou um peixe que trazia uma moeda na boca. Ora, nos mares não se cunham moedas. Certamente, o peixe apanhou a moeda de um naufrágio. Foi castigado com a morte.

Capítulo VI
Três parágrafos

¶ 1

Com esta última advertência vos despido[1], ou me despido de vós, meus Peixes. E para que vades consolados do Sermão, que não sei quando ouvireis outro[2], quero-vos aliviar de uma desconsolação mui antiga, com que todos ficastes desde o tempo em que se publicou o Levítico[3]. Na Lei Eclesiástica, ou Ritual do Levítico, escolheu Deus certos animais que lhe haviam de ser sacrificados, mas todos eles ou animais terrestres ou aves, ficando os peixes totalmente excluídos dos sacrifícios. E quem duvida que esta exclusão tão universal era digna de grande desconsolação e sentimento para todos os habitadores de um elemento tão nobre[4], que mereceu dar a matéria ao primeiro Sacramento?[5] O motivo principal de serem excluídos os peixes foi porque os outros animais podiam ir vivos ao sacrifício, e os peixes geralmente não, senão mortos; e coisa morta não quer Deus que se lhe ofereça, nem chegue aos seus Altares. Também este ponto era muito importante e necessário aos homens, se eu lhes pregara a eles. Oh quantas Almas chegam àquele Altar mortas[6], porque chegam e não têm horror de chegar, estando em pecado mortal! Peixes, dai muitas graças a Deus de vos livrar deste perigo, porque melhor é não chegar ao Sacrifício que chegar morto. Os outros animais ofereçam a Deus o ser sacrificados; vós oferecei-lhe o não chegar ao sacrifício; os outros sacrifiquem a Deus o sangue e a vida; vós sacrificai-lhe o respeito e a reverência[7].

[1] "vos despido". Conjugação arcaica do verbo despedir na primeira pessoa do presente do indicativo. Leia-se: eu me despeço de vós.

[2] "não sei quando ouvireis outro". Este Sermão foi pregado em São Luís do Maranhão, em 13 de junho de 1654, três dias antes de Vieira embarcar para Lisboa. Embarcou às pressas e ocultamente. Foi buscar, junto ao Rei, proteção para os índios. Demonstra, nesta

passagem, a convicção de que nunca mais voltaria ao Brasil. Estava enganado.

³ "tempo em que se publicou o Levítico". Levítico – terceiro Livro do Pentateuco. Narra os rituais do culto entre os Judeus.

⁴ "elemento tão nobre". A água.

⁵ "primeiro sacramento". O batismo, - sacramento da Igreja, que consiste materialmente, em lançar água sobre a cabeça do neófito. Os outros sacramentos são: eucaristia, confissão, casamento, ordem, extrema-unção e confirmação do Batismo.

⁶ "quantas almas chegam àquele altar mortas". Observe ambos os sentidos do adjetivo "morto". Fisicamente – peixes mortos; moralmente, almas mortas.

⁷ "vós sacrificai-lhe o respeito e a reverência". Observe o paralelismo:
Outros animais: - sacrificados, o sangue e a vida
Peixes: - não chegar aos sacrifícios, respeito e reverência.

¶ 2
Ah Peixes, quantas invejas vos tenho a essa natural irregularidade! Quanto melhor me fora não tomar a Deus nas mãos que tomá-lo tão indignamente! Em tudo o que vos excedo, peixes, vos reconheço muitas vantagens. A vossa bruteza é melhor que a minha razão[1], e o vosso instinto melhor que o meu alvedrio[2]. Eu falo, mas vós não ofendeis a Deus com as palavras; eu lembro-me, mas vós não ofendeis a Deus com a memória; eu discorro, mas vós não ofendeis a Deus com o entendimento; eu quero, mas vós não ofendeis a Deus com a vontade[3]. Vós fostes criados por Deus, para servir ao homem, e conseguis o fim para que fostes criados; a mim criou-me para O servir a Ele[4], e eu não consigo o fim para que me criou. Vós não haveis de ver a Deus, e podereis aparecer dian-

te dele muito confiadamente, porque o não ofendestes; eu espero que O hei-de ver, mas com que rosto hei-de aparecer diante do seu divino acatamento[5], se não cesso de O ofender? Ah que quase estou por dizer que me fora melhor ser como vós, pois de um homem que tinha as mesmas obrigações disse a Suma Verdade[6] que melhor lhe fora não nascer homem: Si natus non fuisset homo ille[7]. E pois os que nascemos homens[8] respondemos tão mal às obrigações de nosso nascimento, contentai-vos, Peixes, e dai muitas graças a Deus pelo vosso.

[1] "A vossa bruteza é melhor que a minha razão". Observe a antítese: A vossa irracionalidade é melhor que a minha racionalidade.

[2] "e o vosso instinto melhor que o meu alvedrio".
Antítese
Instinto – conjunto de atos humanos que visa a determinado fim, desacompanhado de reflexão e inteligência.
Alvedrio – conjunto de atos humanos que visa a determinado fim, acompanhado de reflexão e inteligência. Livre arbítrio.

[3] "não ofendeis a Deus com a vontade".
Observe o paralelismo:
Falar – palavras
Lembrar – memória
Discorrer – entendimento
Querer – vontade

[4] "a mim criou-me para O servir a ele". Observe o duplo pleonasmo: o verbo criar com os objetos diretos redundantes (a mim-me) e o verbo servir com os objetos diretos redundantes (o-a ele).

[5] "divino acatamento". Divina recepção; divino acolhimento; divino abrigo.

⁶ "de um homem disse a Suma Verdade". Jesus Cristo disse de Judas que melhor lhe não fora não nascer.

⁷ "Si natus non fuisset homo ille". "Melhor fora àquele homem não ter nascido". S. Mateus 16 – 24.

⁸ "E pois os que nascemos homens". Silepse – o verbo não concorda com o sujeito expresso mas com o sujeito subentendido. Rigorosamente: E pois os que nascem homens.

¶ 3

Benedicite, cete, et omnia quae moventur in aquis, Domino[1]: Louvai, Peixes, a Deus, os grandes e os pequenos, e, repartidos em dois coros tão inumeráveis, louvai-O todos uniformemente. Louvai a Deus, porque vos criou em tanto número. Louvai a Deus, que vos distinguiu em tantas espécies; louvai a Deus, que vos vestiu de tanta variedade e formosura; louvai a Deus, que vos habilitou de todos os instrumentos necessários para vida; louvai a Deus, que vos deu um elemento tão largo[2] e tão puro; louvai a Deus, que, vindo a este mundo, viveu entre vós, e chamou para si aqueles que convosco e de vós viviam[3]; louvai a Deus, que vos sustenta, louvai a Deus, que vos conserva, louvai a Deus, que vos multiplica; louvai a Deus, enfim, servindo e sustentando ao homem, que é o fim para que vos criou; e, assim como no princípio vos deu sua bênção, vo-la dê também agora[4]. Amém. Como não sois capazes de Glória, nem de Graça, não acaba o vosso Sermão em Graça e Glória.

[1] "Benedicite, cete, et omnia quae moventur in aquis, Domino". "Bendizei ao Senhor, peixes grandes, e tudo o que move nas águas". Daniel 3, 79 – Cântico de Daniel e seus três companheiros, agradecendo a Deus por não terem sido queimados no forno que lhes preparou Nabucodonosor.

² "um elemento tão largo". O mar.

³ "e viveu entre vós e chamou para si aqueles que convosco e de vós viviam". Cristo viveu entre os pescadores portanto viveu dos peixes. Cinco de seus doze apóstolos eram pescadores: João, Tiago, André, Simão e Pedro.

⁴ "vo-la dê também agora". "Deus dê a bênção aos peixes também agora".

Comentários ao Sexto Capítulo
Peroração

Na Lei Eclesiástica ou no Ritual do Levítico, sacrificam-se a Deus os animais terrestres e as aves. Por que não se sacrificam os peixes? Porque os peixes não chegam vivos ao altar. Dos animais terrestres e das aves sacrificam-se o sangue e a vida. Dos peixes sacrificam-se o respeito e a reverência. Eis por que os peixes estão acima das animais e aves. Os peixes também estão acima do Pregador. A razão do pregador e seu livre arbítrio não superam a bruteza e o instinto dos peixes. O orador fala, lembra-se, discorre e quer. Então, pode o orador ofender a Deus com a palavras, com a memória, com o entendimento e com a vontade. Os peixes nunca ofendem a Deus, porque não falam, não se lembram, não discorrem e não querem. Não pecam eles pela palavra proferida, pela memória relembrada, pelo entendimento discorrido ou pela vontade manifesta. "Vós fostes criados por Deus para servir ao homem e conseguir o fim para que fostes criados; a mim criou-se para O servir a Ele, e eu não consigo o fim para que me criou". O orador termina sua oração, pedindo aos peixes para louvarem a Deus porque:
- Deus os fez inumeráveis
- Deus os fez inumeráveis espécies
- Deus lhes deu indumentária variada e formosa
- Deus lhes habilitou de todos os instrumentos necessários para a vida

- Deus lhes deu um mar tão imenso com água tão pura
- Deus elegeu apóstolos aqueles que viviam com os peixes e se sustentavam deles
- Deus os sustenta, conserva e multiplica
- Deus criou-o com um fim: sustentar aos homens

Interpretação Dirigida

Leia, com atenção, o texto transcrito.
Responda, depois, às questões de **1** a **20**.

Antes, porém, que vos vades, assim como ouvistes os vossos louvores, ouvi também agora as vossas repreensões. Servir-vos-ão de confusão, já que não seja de emenda. A primeira cousa que me desedifica, peixes, de vós, é que vos comeis uns aos outros. Grande escândalo é este, mas a circunstância o faz ainda maior. Não só vos comeis uns aos outros, senão que os grandes comem os pequenos. Se fora pelo contrário, era menos mal. Se os pequenos comeram os grandes, bastara um grande para muitos pequenos; mas como os grandes comem os pequenos, não bastam cem pequenos, nem mil, para um só grande. Olhai como estranha isto Santo Agostinho: *Homines pravis, praeversisque cupiditatibus facti sunt, sicut piscis invicem se devorantes*: "Os homens, com suas más e perversas cobiças, vêm a ser como os peixes, que se comem uns aos outros". Tão alheia cousa é, não só da razão, mas da mesma natureza, que sendo todos criados no mesmo elemento, todos cidadãos da mesma pátria, e todos finalmente irmãos, vivais de vos comer! Santo Agostinho, que pregava aos homens, para encarecer a fealdade deste escândalo, mostrou-lho nos peixes; e eu, que prego aos peixes, para que vejais quão feio e abominável é, quero que o vejais nos homens. Olhai, peixes, lá do mar para a terra. Não, não: não é isso o que vos digo. Vós virais os olhos para os matos e para o sertão? Para cá, para cá; para a cidade é que haveis de olhar. Cuidais que só os Tapuias se comem uns aos outros? Muito maior açougue é o de cá, muito mais se comem os Brancos. Vedes vós todo aquele bulir, vedes todo aquele andar, vedes aquele concorrer às praças e cruzar as ruas; vedes aquele subir e descer as calçadas, vedes aquele entrar e sair sem quietação nem sossego? Pois tudo aquilo é andarem buscando os homens como hão-de comer, e como se hão-de comer. Morreu algum deles: vereis logo tantos sobre o miserável a despedaçá-lo e comê-lo. Comem-no os herdeiros, comem-no os testamenteiros, comem-no os legatários, comem-no os acredores; comem-no os oficiais dos órfãos, e os dos defuntos e ausentes; come-o o médico, que o curou ou ajudou a morrer; come-o o sangrador que lhe tirou o sangue; come-o a mesma mulher, que de má vontade lhe dá para mortalha o lençol mais velho da casa; come-o o que lhe abre a cova, o que lhe tange os sinos, e os que, cantando, o levam a enterrar; enfim, ainda o pobre defunto o não comeu a terra, e já o tem comido toda a terra.

Padre Antônio Vieira
Sermão de Santo Antônio aos Peixes

1 – Sobre os receptores desta mensagem, é falso o seguinte:
d) os peixes são os receptores explícitos. A eles o orador prega;
e) os colonos que vivem no Brasil são os receptores implícitos. A eles o orador critica;
f) este sermão foi pregado no dia de Santo Antônio. Aproveitando essa circunstância, Vieira recorda o milagre de pregação de Santo Antônio aos peixes e, à semelhança do santo, ele decide também pregar aos peixes;
g) a verdade é que, desta forma, o orador consegue encobrir os verdadeiros destinatários do seu sermão: os colonos que vivem no Brasil;
h) o texto transcrito pode ser dividido em duas partes. Na primeira o orador elogia os receptores explícitos: na segunda, critica os receptores implícitos.

2 – O pregador inicia a sua represensão, apresentando, de pronto, um grande defeito:
a) os peixes comerem-se uns aos outros;
b) os Tapuias comerem-se uns aos outros;
c) os homens comerem-se uns aos outros;
d) os brancos comerem-se uns aos outros;
e) o bulir, o andar, o concorrer às praças e cruzar as ruas, subir e descer as calçadas, entrar e sair sem quietação nem sossego.

3 – A acusação feita aos peixes sobe de tom quando Vieira, depois de referir o principal defeito de uma forma genérica,
a) aponta a circunstância de os peixes maiores comerem os pequenos, chegando a pormenor de afirmar que são precisos muito mais de mil pequenos para saciar um grande;
b) invoca o escândalo que nem mesmo Santo Agostinho tenha ignorado;
c) dá preferência ao contrário daquilo que se passa nos mares e oceano: os pequenos peixes comem os grandes;
d) ordena que os peixes olhem dos mares e oceanos para o continente;
e) pede que os peixes não olhem os matos e o sertão; olhem o mercado dos homens.

4 – A inclusão no texto de Santo Agostinho veio para confirmar as palavras que o orador usou para criticar os peixes e, ao mesmo tempo:
a) a explicação das razões por que os peixes se comem uns aos outros;
b) a transição do que se falou, para o plano dos homens;
c) a maldade com que os grandes peixes comem os pequenos;
d) a injustiça de serem milhares de peixes comidos por um só peixe;
e) a piedade que o orador tem pelos peixes e pelos homens.

5 – O ambiente – alvo preferencial da crítica do orador, já que é naquele ambiente que se urdem todas as teias da deslealdade:
a) a vida citadina;
b) o sertão e os matos;
c) a aldeia dos Tapuias;
d) o oceano;
e) os mares.

6 – Assinale a alternativa falsa:

a) o sertão parece como símbolo do primitivismo dos costumes e de conservação de características étnicas e a cidade como local de cálculo e de exploração. ("Olhai, peixes, lá do mar para a terra. Não, não é isso que vos digo. Vós virais os olhos para os matos e para o sertão?");

b) olhar – significa desviar os olhos de um local para o outro. Ver – significa observar, separa com atenção, de forma a compreender, tomar conhecimento. ("Olhai, peixes, lá do mar para a terra. Vedes vós todos aquele bulir, vedes todos aquele andar, vedes aquele concorrer às praças e cruzadas as ruas...");

c) o autor criou uma sucessão de verbos de movimento com função de substantivo, introduzidos pela forma verbal "vedes" do verbo ver ("Vedes vós todos aquele <u>bulir</u>, vedes todo aquele <u>andar</u>, vedes aquele <u>concorrer</u> às praças e <u>cruzar</u> as ruas; vedes aquele <u>subir</u> e <u>descer</u> as calçadas, vedes aquele <u>entrar</u> e <u>sair</u> sem quietação nem sossego?");

d) através daqueles verbos substantivados, o autor conseguiu traduzir, de forma expressiva o movimento estonteante das pessoas nas ruas da cidade ("...aquele bulir... andar ... concorrer... cruzar ... subir ... descer ... entrar ... sair");

e) designa-se derivação parassintética o processo de formação de palavras em que se verifica uma mudança de classe gramatical, no caso, de verbo para substantivo ("aquele bulir... aquele andar ... aquele cruzar ... aquele subir...").

7 – "O Sermão de Santo Antônio aos Peixes <u>tem</u>, para além de função moralizadora, uma intenção critica muito marcada. Essa intenção é, de certo modo, e só aparentemente, mascarada pelo fato <u>do orador</u> se ter servido da alegoria – <u>pregar aos peixes</u> – para atingir <u>os homens</u>; por outro lado, na verdade, <u>porque</u> estava a pregar aos peixes e não aos homens, Vieira foi muito mais violento nas suas acusações, usando os recursos retóricos

próprios da oratória sagrada: interrogações retóricas, repetições, paralelismo, antítese, etc."
No texto aparece assinalado um erro de Português, quer seja de concordância, de regência ou de ortografia. Identifique-o:
a) tem (deveria vir com acento - "têm");
b) do orador (separados – "de o orador");
c) aos peixes (objeto direto – "os peixes");
d) os homens (objeto indireto – "aos homens");
e) porque (razão pela qual – separado "por que").

8 – Assinale a alternativa falsa:
a) os peixes comem-se uns aos outros e esse fato é duramente censurado pelo pregador. Claro que, imediatamente, passa dos peixes para os homens (todo o sermão é uma alegoria em que se fala dos peixes para censurar os homens) e constata que a situação é idêntica: também os homens se comem uns aos outros;
b) o verbo "comer" no sentido conotativo quando se trata dos peixes, assume o sentido denotativo no caso dos homens porque a censura de Vieira não se exerce sobre os selvagens antropófagos mas sim sobre as gentes civilizadas;
c) então o verbo "comer" é usado no sentido próprio quando se aplica aos peixes e aos índios tapuias; no entanto, adquire um sentido figurativo – "aproveitar-se", "furtar", "roubar" – quando o autor censura nos homens a cobiça e o oportunismo;
d) é o que acontece no excerto "morrem alguns deles... <u>comem</u>-no os herdeiros, comem-no..." cuja frase paralelística repete anaforicamente a forma verbal, de modo a sugestionar, a repetir, a convencer o auditório;
e) "... pregava aos homens... mostrou-lhe nos peixes ... prego aos peixes ... quero que o vejais nos homens". – exemplo expressivo a disposição cruzada da ordem das partes simétricas de duas frases de modo a formarem uma antítese. É o que a Língua chama de quiasmo.

9 – Assinale a alternativa falsa:

a) todo o texto é marcado por forte opinião do autor, nela pontuando a linguagem coloquial ("não, não, não é isso..."), o uso de advérbios tão próprios da expressão oral ("para cá, para lá") e o uso da 2ª pessoa do plural tanto em formas verbais como nas formas pronominais ("vos comeis... vivais de vos comer...");

b) quanto à utilização do verbos, também aqui é de referir os tempos e modos que concorrem para exprimir uma atitude de certeza daquilo que se afirma, concretizando uma ação ou um estado considerados na realidade. Tal é o caso do presente do indicativo "não só vos comeis uns aos outros, senão que os grandes comem os pequenos", ou do modo imperativo, exprimindo uma exortação, um conselho "olhai", "considerai";

c) o modo e o tempo verbais estão ao serviço da principal finalidade do sermão que é convencer o auditório. O autor procura fazê-lo, não só dirigindo-se diretamente aos ouvintes como mostrando uma atitude de firme certeza em relação aos fatos a que se refere;

d) relacionado com o estilo engenhoso, cheio de geometria e equilíbrio, identifiquemos algumas figuras de estilo, tais como "anáfora" (repetição de uma palavra no começo de diferentes frases): "Comem-no os herdeiros, comem-no os testamenteiros, comem-no os credores...";

e) também é expressiva a figura do "anacoluto" (emprego de uma palavra sem função sintática; desvio sintático): "... enfim, ainda ao pobre defunto o não comeu a terra e já o tem comido toda a terra".

10 – As palavras são para mim corpos tocáveis, sereias visíveis, sensualidades incorporadas. Estremeço se dizem bem. Tal página de Fialho, tal página de Chateaubriand, fazem formigar toda a minha vida em todas as veias, fazem-me raivar tremulamente quieto de um prazer inatingível que estou tendo. Tal página, até de Vieira, na sua fria perfeição de engenharia sintática, me faz tremer como um ramo ao vento, num delírio passivo de coisa movida. Não choro por nada que a vida traga ou leve. Há porém, páginas de prosa que me têm feito chorar. Lembro-me, como do que estou vendo, da noite em que,

ainda criança, li pela primeira vez, numa seleta, o passo célebre de Vieira sobre o Rei Salomão "Fabricou Salomão um palácio..." E fui lendo, até ao fim, trêmulo, confuso; depois rompi em lágrimas felizes, como nenhuma felicidade real me fará chorar, como nenhuma tristeza da vida me fará limitar. Aquele movimento hierático da nossa clara língua majestosa, aquele exprimir das ideias nas palavras inevitáveis, correr de água porque há declive, aquele assombro vocálico em que os sons são cores ideais tudo isso me toldou de instinto como uma grande emoção política. E disse, chorei, hoje, relembrando ainda choro. Não, não é a saudade da infância de que não tenho saudades; é a saudade da emoção daquele momento, a mágoa de não poder já ler pela primeira vez aquela grande certeza sinfônica.

Fernando Pessoa

Fialho de Almeida – do realismo português
René Chateaubriand – do romantismo francês
Padre Antônio Vieira – do barroco português
Salomão – rei dos israelitas, filho e sucessor de David, escreveu "O Eclesiastes" e "O Cântico dos Cânticos"
Fernando Pessoa – do modernismo português

Então,
a) René Chateaubriand poderia ter lido a todos eles: a Salomão, a Fialho de Almeida, a Vieira e a Fernando Pessoa;
b) Fialho de Almeida poderia ler as obras de Salomão mas nunca poderia ler as obras de Vieira, de Chateaubriand e de Fernando Pessoa;
c) Padre Antônio Vieira poderia ler as obras de Salomão mas nunca poderia ler as obras de Fialho de Almeida, Chateaubriand e Fernando Pessoa;
d) Chateaubriand poderia ter lido as obras de Salomão e de Fialho de Almeida, mas nunca poderia ter lido Vieira e Fernando Pessoa;
e) Salomão não poderia ler as obras de Fernando Pessoa, Chateaubriand e Fialho de Almeida mas poderia ter lido as obras do Padre Antônio Vieira.

11 – "A primeira cousa que me desedifica, peixes, de vós, é que vos comeis uns aos outros". Desedifica, verbo desedificar, no texto, com o sentido de:
a) odiar;
b) desestruturar;
c) invejar;
d) escandalizar;
e) almejar.

12 – No trecho em destaque aparece um objeto direto pleonástico:
a) A primeira cousa;
b) peixes;
c) uns aos outros;
d) de vós;
e) me.

13 – "Santo Agostinho, que pregava aos homens para encarecer a fealdade deste escândalo, mostrou-lho nos peixes". Mostrou-lho nos peixes, ou seja:
a) mostrou a fealdade aos peixes;
b) mostrou a fealdade aos homens;
c) mostrou o homem ao escândalo nos peixes;
d) mostrou o escândalo aos homens nos peixes;
e) mostrou a fealdade deste escândalo aos peixes nos homens.

14 – "Pois tudo aquilo é andarem buscando os homens como hão de comer e como se hão de comer". Como hão de comer e como se hão de comer, ou seja:
a) como hão de devorar e como hão de saborear uns aos outros;
b) como hão de extorquir uns aos outros e como hão de devorar uns aos outros;
c) como hão de sobreviver e como hão de roubar uns aos outros;
d) como hão de matar uns aos outros e como hão de enriquecer as custas dos outros;
e) como hão de sufocar e como hão de extorquir uns aos outros.

15 – "... e eu, que prego aos peixes, para que vejais quão feio e abominável é, quero que o vejais nos homens". "... e eu..." "Eu" é o sujeito do verbo:
a) prego;
b) vejais;
c) é;
d) quero;
e) vejais.

16 – Oração principal do trecho em destaque:
a) e eu, que prego aos peixes;
b) para que vejais;
c) e eu quero;
d) que o vejais nos homens;
e) quão feio e abominável é.

17 – "vos comeis uns aos outros. Grande escândalo é este, mas a circunstância o faz maior". Qual a circunstância que faz o escândalo maior?
a) que os grandes comem os pequenos;
b) se fora pelo contrário, era menos mal;
c) bastara um grande para muitos pequenos;
d) olhai como estranha isto Santo Agostinho;
e) olhai, peixes, lá do mar para a terra.

18 – "enfim, ainda o pobre defunto o não comeu a terra, e já o tem comido toda a terra". "Terra" – substantivo usado duas vezes, respectivamente com os seguintes sentidos:
a) planeta – solo sobre o qual se anda;
b) a parte sólida da superfície do globo – os habitantes do planeta;
c) poeira, pó – lugar de origem, pátria;
d) torrão gleba – povoação;
e) habitantes de determinado lugar – humanidade.

19 – Verbo comer, no trecho em destaque, usado duas vezes (comeu – tem comido) respectivamente com os seguintes sentidos:
a) introduzir alimento pela boca e engolir, abocar;
b) absorver, tragar e suprimir;
c) roubar, furtar e eliminar;
d) tomar alimento e lucrar, comendo fraude;
e) destruir, consumir, corroer e dilapidar, dissipar, desbaratar.

20 – "o pobre defunto o não comeu a terra". Na voz passiva:
a) a terra não comeu o pobre defunto;
b) comeu-se a terra;
c) o pobre defunto não comeu a terra;
d) o pobre defunto não foi comido pela terra;
e) a terra não foi comido pelo pobre defunto.

Para responder as questões de **21** a **40**, leia atentamente o excerto do "Sermão de Santo Antônio" do Padre Antônio Vieira – Capítulo V.

O polvo com aquele seu capelo na cabeça, parece um monge; com aqueles seus raios estendidos, parece uma estrela; com aquele não ter osso nem espinha, parece a mesma brandura, a mesma mansidão. E debaixo desta aparência tão modesta, ou desta hipocrisia tão santa, testemunham contestamente[1] os dois grandes doutores da igreja latina e grega que o dito polvo é o maior traidor do mar. Consiste esta traição do polvo primeiramente em se vestir ou pintar das mesmas cores de todas aquelas cores a que está pegado. As cores, que no camaleão são gala, no polvo são malícia; as figuras, que em Proteu[2] são fábula, no polvo são verdade e artifício. Se está nos limos, faz-se verde; se está na areia, faz-se branco; se está no lodo, faz-se pardo, e se está em alguma pedra, como mais ordinariamente costuma estar, faz-se da cor da mesma pedra. E daqui que sucede? Sucede que outro peixe, inocente da traição, vai passando desacautelado, e o salteador, que está de emboscada dentro do seu próprio engano, lança-lhe os braços de repente, e fá-lo prisioneiro. Fizera mais Judas?

Não fizera mais; porque não fez tanto. Judas abraçou a Cristo, mas outros o prenderam; o polvo é o que abraça e mais o que prende. Judas com os braços fez o sinal, e o polvo dos próprios braços faz as cordas. Judas é verdade que foi traidor, mas com lanternas diante; traçou a traição às escuras, mas executou-a muito às claras. O polvo, escurecendo-se a si, tira a vista aos outros, e a primeira traição e roubo que faz, é à luz, para que não distinga as cores. Vê, peixe aleivoso[3] e vil, qual é a tua maldade, pois Judas em tua comparação já é menos traidor. Oh!, que excesso tão afrontoso e tão indigno de um elemento tão puro, tão claro e tão cristalino como o da água, espelho natural não só da terra, senão do mesmo céu! Lá disse o Profeta, por encarecimento, que nas nuvens do ar até a água é escura: Tenebrosa *aqua in nubibus aeris*[4]. E disse nomeadamente nas nuvens do ar, para atribuir a escuridade ao outro elemento, e não à água, a qual em seu próprio elemento é sempre clara, diáfana[5] e transparente, em que nada se pode ocultar, encobrir nem dissimular. E que neste mesmo elemento se crie, se conserve e se exercite com tanto dano do bem público um monstro tão dissimulado, tão fingido, tão astuto, tão enganoso e tão conhecidamente traidor? Vejo, peixes, que pelo conhecimento que tendes das terras em que batem os vossas mares, me estais respondendo e convindo, que também nelas há falsidades, enganos, fingimentos, embustes, ciladas e muito maiores e mais perniciosas traições. E sobre o mesmo sujeito que defendeis, também podereis aplicar aos semelhantes outra propriedade muito própria; mas pois vós a calais, eu também a calo. Com grande confusão, porém, vos confesso tudo, e muito mais do que dizeis, pois não o posso negar. Mas ponde os olhos em Antônio, vosso pregador, e vereis nele o mais puro exemplar da candura, da sinceridade e da verdade, onde nunca houve dolo, fingimento ou engano. E sabei também que, para haver tudo isto em cada um de nós, bastava antigamente ser português, não era necessário ser santo.

"Sermão de Santo Antônio aos peixes" – pregado em São Luiz do Maranhão, em 1654, pelo padre Vieira, três dias antes de embarcar ocultamente para Lisboa, a solicitar proteção para os índios contra o egoísmo dos colonos. Todo o Sermão é uma alegoria. Cada peixe representa uma classe de seres humanos.

Vocabulário

[1] **Contestamente:** unanimente
[2] **Proteu:** filho do Oceano e Tétis, tinha o dom de tomar as mais variadas formas e disfarces para fugir aos que o perseguiam.
[3] **Aleivoso:** pérfido, traidor.
[4] **Tenebrosa aqua in nubibus aeris:** água tenebrosa nas nuvens do ar. Salmo de David 17, 12.
[5] **Diáfana:** cristalina.

21 – Vamos definir claramente o tema do pequeno excerto que se leu:
a) o polvo é a alegoria suprema da traição, pretendendo o autor transpor esse defeito para determinados homens que se comportam como polvos, tiranizando outros que, desprevenidos e inocentes, tornam-se as suas vítimas;
b) o polvo, alegoria suprema de mansidão. Sem ossos ou espinha, representa a mesma brandura que se percebe nos monges da Igreja Católica;
c) o polvo tem várias cores e cada cor representa um defeito humano. As cores da malícia, as cores da avareza, as cores da hipocrisia. Várias cores, vários defeitos;
d) o polvo simboliza Judas. O polvo é o traidor dos mares e Judas é o traidor do cristianismo. O polvo, com suas garras, aprisiona suas vítimas; Judas, com seus braços, fez Cristo prisioneiro;
e) o polvo simboliza monge e, dos monges, Santo Antônio, o grande pregador, exemplo de candura e sinceridade. Ser português bastava, no passado, para ser honesto e manso. Não era preciso ser Santo, tal qual Santo Antônio, para viver com dignidade.

22 – "E debaixo desta aparência tão modesta ou desta hipocrisia tão santa... o polvo é o maior traidor do mar". Vamos explicar o sentido das expressões "aparência tão modesta" – "hipocrisia tão santa". Assinale a alternativa falsa:
a) são expressões antagônicas, antitéticas;
b) refletem um sentido irônico, de crítica muito acesa;
c) como unir, o adjetivo "modesta" ao substantivo "aparência" sem ser para sugerir uma falsa humildade?;
d) como explicar uma "hipocrisia" "santa" sem ser para desferir um golpe mortal em quem a pratica?;
e) convenhamos: se o autor declara que "modesta" é a "aparência" logo em seguida "santa" a "hipocrisia", referindo-se ao mesmo ser, o texto não tem sentido, por ser paradoxal.

23 – Para o autor, o maior recurso traiçoeiro do polvo é:
a) querer ser monge quando na verdade nem é peixe; é molusco;
b) a metamorfose constante; o camuflar permanente;
c) o capelo na cabeça que lhe dá autoridade de santo;
d) não ter ossos nem espinha, símbolo da mansidão;
e) ser igual a Judas.

24 – "Sucede que o outro peixe, inocente da traição, vai passando desacautelado, e o salteador, que está de emboscada dentro do seu próprio engano, lança-lhe os braços, de repente, e fá-lo prisioneiro". O salteador é o polvo, mas nesta expressão, é a metáfora de monge. Se está de emboscada dentro de seu próprio engano, então:
a) não engana nunca;
b) engana só os inocentes;
c) engana dentro de suas vestes;
d) ele mesmo é o enganado;
e) engana para não ser aprisionado.

25 – "Se está nos limos, faz-se verde; se está na areia, faz-se branco; se está no lodo, faz-se pardo, e se está em alguma pedra, como mais ordinariamente costuma estar, faz-se da mesma pedra". Fenômeno da biologia a que os cientistas chamam de:

a) evolucionismo
b) mimetismo
c) determinismo
d) ecologismo
e) parasitismo

26 – Leia com atenção

I – No Capítulo V, depois de ter anotado, por categorias os defeitos de alguns peixes que habitam no mar, deixa para último plano o <u>polvo</u>, por considerar o maior traidor do mar. Com efeito, não obstante a sua brandura, ele simboliza a hipocrisia extrema. Para tal, pinta-se das cores das coisas a que se pega e é com seu disfarce que ele arma a cilada. Neste aspecto é ainda pior que Judas ao atraiçoar Cristo.

II – Logo na 1ª parte, quando Vieira compara o polvo com o seu capuz na cabeça a um monge, palavras como "estrela, mansidão e brandura" só podem ser tomadas em sentido irônico e eufemístico. Que os monges deveriam ser guiados pela estrela (pela luz) e que os seus atos deveriam ser reflexos da mansidão pelo reto caminho e pela brandura, todos nós já sabemos. Só que estes monges a que o autor se refere "com o seu capelo", "com raios estendidos", "não ter osso nem espinha", transpõem-nos imediatamente para a esfera do polvo, de modo que o polvo e monge, são a mesma e única coisa.

III – Em que corrente literária se filia este texto? Por quê?
No barroco. Porque os seus sermões revelam uma agudeza conceptista em conformidade com uma perfeição formalista onde não faltam os jogos verbais, o abuso das metáforas e alegorias, assim como o encadeado de argumentação no método dos "conceitos predicáveis". Os argumentos lógicos, por meio de raciocínios silogísticos enfeitados com frases bíblicas e citações cristãs, emprestam-lhe um tom oratório inigualável na nossa literatura.

Responda assim
a) desde que corretas I, II e III;
b) desde que erradas I, II e III;
c) desde que corretas apenas I e II;
d) desde que corretas apenas II e III;
e) desde que corretas apenas I e III.

27 – "Vejo, peixes, que pelo conhecimento que tendes das terras em que batem os vossos mares me estais respondendo e convindo que também nelas há <u>falsidades</u>, <u>enganos</u>, <u>fingimento</u>, <u>embustes</u>, <u>ciladas</u> e muito maiores e mais perniciosas <u>traições</u>".
Nas palavras grifadas uma expressiva figura de linguagem:
a) silepse;
b) pleonasmo;
c) gradação;
d) anacoluto;
e) polissíndeto.

28 – Como trabalho de síntese, visualizamos o assunto do texto assim:

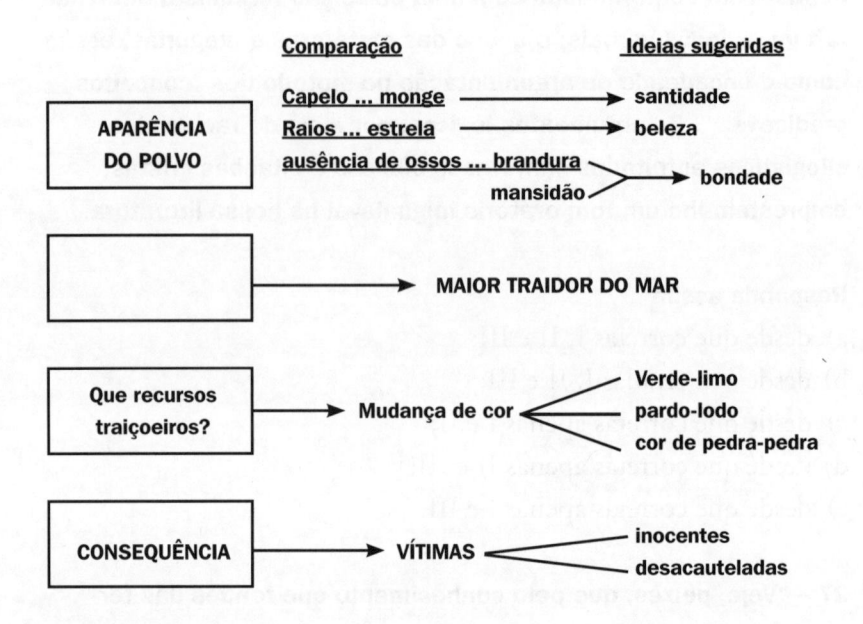

	Comparação	Ideias sugeridas
APARÊNCIA DO POLVO	Capelo ... monge	santidade
	Raios ... estrela	beleza
	ausência de ossos ... brandura / mansidão	bondade

⬜ ➝ **MAIOR TRAIDOR DO MAR**

| **Que recursos traiçoeiros?** | ➝ Mudança de cor | Verde-limo / pardo-lodo / cor de pedra-pedra |

| **CONSEQUÊNCIA** | ➝ VÍTIMAS | inocentes / desacauteladas |

O retângulo em branco pode ser preenchido pela palavra:
a) realidade;
b) fantasia;
c) imaginação;
d) possibilidade;
e) sensibilidade.

29 – Nas alternativas a expressão grifada é o sujeito da oração, exceto em uma em que a expressão grifada é objeto direto. Grife, então, o objeto direto
a) Sucede <u>que o outro peixe, inocente da traição, vai passando descautelado;</u>
b) E que neste mesmo elemento se crie, se conserve e se exercite com tanto dano do bem público <u>um mostro tão dissimulado</u>;
c) Vejo, peixes, que pelo conhecimento que tendes das terras em que batem <u>os vossos mares</u>...;

d) Lá disse o Profeta, por encarecimento, que nas nuvens do ar até a água é escura;
e) Bastava antigamente ser português.

30 – O polvo, escurecendo-se a si, tira a vista aos outros. Observe o objeto direto pleonástico (se- a si) como se estivesse escrito: o polvo, escurecendo a ele mesmo, a ele mesmo. O objeto direto está duplicado. Vamos imitar o autor. Identifique o objeto direto pleonástico, criado com a frase do próprio texto: "Judas com os braços fez o sinal".
a) o sinal foi feito com os braços por Judas;
b) fez-se o sinal com os braços;
c) ao sinal fez Judas com os braços;
d) Judas e só ele com os braços fez o sinal;
e) o sinal fê-lo Judas com os braços.

31 – "O polvo... parece um monge, uma estrela, a mesma brandura, a mesma mansidão". A oração que se lê em destaque, tem seu sujeito "o polvo", seguido do verbo de ligação "parece" a que se seguem
a) os objetos diretos;
b) os objetos indiretos;
c) os predicativos do sujeito;
d) os predicativos do objeto direto;
e) os adjuntos adnominais.

32 – "As cores que no camaleão são gala, no polvo são malícias; as figuras que em Proteu são fábula, no polvo são verdade e artifício". Expressivo exemplo de
a) silepse;
b) antítese;
c) pleonasmo;
d) anacoluto;
e) polissíndeto.

33 – "Se está nos limos, faz-se verde; se está na areia, faz-se branco; se está no lodo, faz-se pardo, e se está em alguma pedra faz-se da cor da mesma pedra". Nesta visão policromática que faz o orador, só não podemos inferir o seguinte:
a) o limo é verde;
b) a areia é branca;
c) o lodo é pardo;
d) a pedra é verde, branca ou parda;
e) a areia é bege.

34 – No texto, Judas está para Cristo, assim como o polvo está para
a) o camaleão;
b) Proteu;
c) outro peixe;
d) o salteador;
e) a fábula.

35 – "O polvo... a primeira traição e roubo que faz é à luz..." porque
a) com aquele seu capelo na cabeça parece um monge;
b) com aqueles seus raios estendidos parece uma estrela;
c) com aquele não ter osso nem espinha parece a mesma brandura, a mesma mansidão;
d) consiste esta traição do polvo primeiramente em se vestir ou pintar das mesmas cores, de todas aquelas cores a que está pegado;
e) o polvo dos próprios braços faz as cordas.

36 – Está mais próximo da candura e da sinceridade de Santo Antônio
a) Judas;
b) Proteu;
c) o polvo;
d) o português moderno
e) o antigo português

37 – "O polvo, escurecendo-se a si, tira a vista aos outros, e a primeira traição e roubo que faz, é à luz, para que não distinga as cores". Oração principal
a) o polvo, escurecendo-se a si;
b) o polvo tira a vista aos outros;
c) e a primeira traição e roubo é à luz;
d) e a primeira traição e roubo que faz;
e) para que não distinga as cores.

38 – Do trecho em destaque, vamos identificar o sujeito do verbo. Em uma alternativa é errada a identificação
a) escurecendo – ele – o polvo;
b) tira – o polvo;
c) faz – a primeira traição e roubo;
d) é – a primeira traição e roubo;
e) distinga – luz.

39 – "Para que não distinga as cores" – é a oração subordinada adverbial
a) final;
b) causal;
c) temporal;
d) proporcional;
e) condicional.

40 – Traição e roubo à luz. "Luz" exerce no texto a função de
a) objeto direto;
b) objeto indireto;
c) agente da passiva;
d) complemento nominal;
e) adjunto adnominal.

Respostas às questões propostas

A	2	3	5	17	21	26	28	39
B	4	7	8	18	23	25	32	37
C	10	12	14	16	27	31	34	38
D	11	13	15	20	24	29	35	40
E	1	6	9	19	22	30	33	36

Bibliografia

Curso de Literatura
Jorge Miguel
Editora Harbra

Curso de Literatura I
Das origens do Arcadismo
Jorge Miguel
Editora Harbra

Curso de Literatura II
Do Romantismo ao Simbolismo
Jorge Miguel
Editora Harbra

Curso de Literatura III
Modernismo
Jorge Miguel
Editora Harbra

Curso de Redação
Jorge Miguel
Editora Harbra

Curso de Língua Portuguesa
Jorge Miguel
Editora Harbra

Estudos de Língua Portuguesa
Jorge Miguel
Editora Harbra

História de Antônio Vieira
Tomos I e II
João Lúcia de Azevedo
Alameda Casa Editora

Padre Antônio Vieira
Hernâni Cidade
Editorial Presença

**Padre Antônio Vieira
400 anos depois**
Lélia Parreira Duarte
Maria Theresa Abelha Alves
Editora PUC Minas

**Padre Antônio Vieira
O Texto em Análise**
Antônio Afonso Borregana
Texto Editora

**Padre Antônio Vieira
E o Sermão de Santo Antônio aos Peixes**
Francisco Martins
Areal Editores

**Sermão de Santo Antônio aos Peixes
Padre Antônio Vieira
Prosa Barroca**
Lígia Arruda
Edições Bonanza

**Padre Antônio Vieira
Análise Comentada do Sermão
de Santo Antônio aos Peixes**
Helena Pires Nunes
Maria das Dores Marques
Sebenta Editora

**Sermão de Santo Antônio aos Peixes
De Padre Antônio Vieira
Análise da Obra**
Fernanda Carrilho
Texto Editora

**Provas Globais II
Português B**
Areal Editores

Crédito da Fonte

A interpretação do "Sermão de Santo Antônio aos Peixes" do Padre Antônio Vieira foi elaborado com auxílio de obras especializadas cuja biografia relatamos neste livro. Registram-se aqui as obras de que foram extraidos os exercícios cujo "caput" da pergunta ou cuja alternativa responde, corretamente, às questões. Enfim, a Bibliografia relata os livros de estudo e consulta. "Crédito da Fonte" nomeia o livro de que se extraíram, literalmente, os textos para se formularem as questões.

Do livro
Provas Globais II
Português B
Areal Editores
Páginas 32 e 33
Questões 1, 3, 4, 5, 6 e 7.

Do livro
Padre Antônio Vieira
Análise Comentada do Sermão
de Santo Antônio aos Peixes
Helena Pires Nunes
Maria das Dores Marques
Sebenta Editora
Páginas 53 a 55 e 72 a 75
Questões 8, 9, 21, 22, 23, 26, 28.

COLEÇÃO INDISPENSÁVEL PARA CONCURSOS E VESTIBULARES

REDAÇÃO, INTERPRETAÇÃO DE
TEXTOS E ESCOLAS LITERÁRIAS

ANÁLISE COMENTADA -
A POESIA LÍRICA CAMONIANA

ANÁLISE COMENTADA -
POEMAS DE FERNANDO
PESSOA E DE HETERÔNIMOS

DVS EDITORA
www.dvseditora.com.br

GRÁFICA PAYM
Tel. [11] 4392-3344
paym@graficapaym.com.br